国家杜马选举制度与俄罗斯政治稳定

韩璐◎著

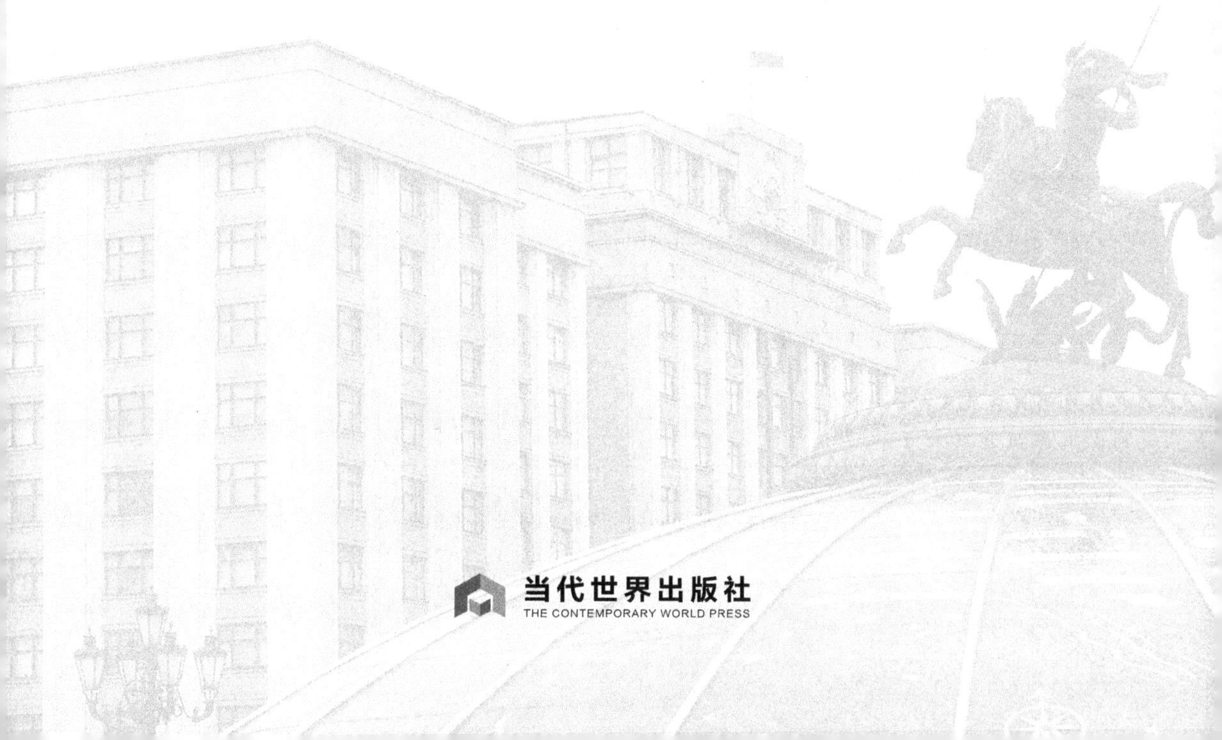

当代世界出版社
THE CONTEMPORARY WORLD PRESS

图书在版编目（CIP）数据

国家杜马选举制度与俄罗斯政治稳定 / 韩璐著. --北京：当代世界出版社，2023.3（重印）
ISBN 978-7-5090-1696-1

Ⅰ.①国… Ⅱ.①韩… Ⅲ.①选举制度-研究-俄罗斯 Ⅳ.①D751.224

中国版本图书馆 CIP 数据核字（2022）第 201323 号

书　　名：	国家杜马选举制度与俄罗斯政治稳定
出 品 人：	吕　辉
策划编辑：	刘娟娟
责任编辑：	刘娟娟　姜松秀
装帧设计：	王昕晔
版式设计：	韩　雪
出版发行：	当代世界出版社
地　　址：	北京市地安门东大街 70-9 号
邮　　编：	100009
邮　　箱：	ddsjchubanshe@163.com
编务电话：	（010）83907528
发行电话：	（010）83908410（传真） 13601274970 18611107149 13521909533
经　　销：	新华书店
印　　刷：	英格拉姆印刷（固安）有限公司
开　　本：	710 毫米×1000 毫米　1/16
印　　张：	13.25
字　　数：	179 千字
版　　次：	2023 年 3 月第 1 版
印　　次：	2023 年 10 月第 2 次
书　　号：	ISBN 978-7-5090-1696-1
定　　价：	69.00 元

如发现印装质量问题，请与承印厂联系调换。
版权所有，翻印必究；未经许可，不得转载！

序　言

选举制度是国家政治制度的重要组成部分，是建立在经济基础之上的上层建筑。选举制度应该反映国家经济基础、历史、文化以及社会传统，应该符合大多数人的利益，有利于科学决策，有利于制约和制衡权力机关，有利于促进社会经济建设与国家发展。

政治是经济的集中体现。有什么样的经济基础，就有什么样的上层建筑。在以垄断为基本特征的经济基础之上建立的必然是中央集权的上层建筑。

新的政权、新的体制、新的社会不会是凭空产生的，它们无疑是在旧政权、旧体制、旧社会的基础上产生的。因此，新社会必然带有旧社会的痕迹。

议会选举制度，其作用与功能、效果，不仅取决于选举制度制定、选举过程实施，还取决于议会选举制度在国家治理体系中的地位。在议会制国家和总统制国家，议会的作用具有很大差别。

选举制度反映国家的发展道路特点。在发展道路问题上，世界上不存在放之四海而皆准的模式，国际社会应该尊重每一个国家对发展道路的选择。正所谓"鞋子合不合脚，只有穿的人才知道。"

俄罗斯是一个具有独特和独立文明形态的国家。俄罗斯拥有横跨欧亚大陆的广袤国土，历史上经济发展始终不太平衡；拥有众多的民族，文化差异很大。博大的生存空间孕育了俄罗斯人豪爽、粗犷的性格；以多神教为基础的东正教培育了俄罗斯人崇拜偶像、崇拜权威的心理；古老的村社制度造就了俄罗斯人推崇平均主义、自给自足、自我封闭的意识；自由主义无论是作为社会制度还是社会意识，从来没有在俄罗斯占据主导地位。

俄罗斯这种自然和人文历史特点使其历史上几次变革过程和结果都具有鲜明的自身特色。马克思主义经典作家对俄罗斯这种特点都有过重要阐述。

俄罗斯没有经过资本主义的自由竞争发展阶段，垄断是俄罗斯资本主义的主要特征。正是俄罗斯垄断资本主义为社会主义创造了物质前提，成为社会主义的入口。列宁对推翻专制制度后的政权建设问题有系统论述。他对资产阶级民主制、三权分立的制度持否定态度，认为资产阶级议会民主制是虚伪的和反动的，议会不过是一个"清谈馆""资产阶级民主冠冕堂皇地宣布一切公民平等，而实际上却伪善地掩盖剥削者资本家的统治，用剥削者和被剥削者似乎能够真正平等的思想欺骗群众。"① 列宁设想建立巴黎公社式的政权，打碎旧的国家机器，由工人即人民管理国家。而且为了防止这些人变成官僚，就应立即采取马克思和恩格斯详细分析过的措施：第一，不但选举产生，而且随时可以撤换；第二，薪金不得高于工人的工资；第三，所有的人都来执行监督和监察职能。②

但是，后来列宁发现，在当时苏俄条件下实现这个设想是不现实的，因为在苏维埃俄国还有很多文盲，而没有文化就谈不上政治。③ "由于文化水平这样低，苏维埃虽然按照党纲规定是通过劳动者来实行管理的机关，而实际上却是通过无产阶级先进阶层来为劳动者实行管

---

① 中共中央马克思恩格斯列宁斯大林著作编译局编译：《列宁选集》（第三卷），北京：人民出版社，1995年版，第722页。
② 同①，第210页。
③ 中共中央马克思恩格斯列宁斯大林著作编译局编译：《列宁选集》（第四卷），北京：人民出版社，1995年版，第308，第590页。

理……的机关。"① 在现实生活中，这个职能是由无产阶级政党来完成的。在世界社会主义实践中，这个原则是通行的。

苏联后期，苏共领导人戈尔巴乔夫实行改革，试图把西方民主制移植到苏联，政治体制改革矛头直指苏共，结果导致苏共垮台，苏联解体……

苏联解体后，俄罗斯经历了政治、经济和社会全面动荡时期，社会在国家发展道路、经济私有化方针等领域出现严重分歧并导致总统和议会势不两立，1993年10月还发生了流血事件。1993年12月，俄罗斯以全民公投的方式通过了一部"超级总统制"宪法。进入21世纪以来，俄罗斯在这部宪法规定的国家治理形式下逐渐走向稳定与复苏。

在宪法确定的总统制体制下，俄罗斯议会不仅是立法机构和国家发展战略的立法保障，而且成为各种政治力量活动的主要舞台，是居民社会意志和情绪的主要表达场所，对于社会政治稳定具有重要意义。

俄罗斯议会被称为联邦会议，由两院组成，上院为联邦委员会，下院为国家杜马。对俄罗斯选举制度的研究主要是针对国家杜马选举及与此有关的一系列制度安排的研究。

俄罗斯国家杜马是从历史上继承来的。最早的国家杜马产生于沙俄时期。1905年，俄国革命形势促使沙皇尼古拉二世做出政治让步，建立作为议会机构的国家杜马。1917年十月革命前，总共进行四次国家杜马选举，但是国家杜马的诞生并未改变沙俄专制制度的本质和基础，国家杜马最初不过是咨议性机构，虽然后来沙皇政府继续做出一些让步，允许政党活动，但俄国最终并没有成为代议制国家。

1993年成立的俄罗斯国家杜马是1993年宪法确定的国家制度安排的组成部分，它在很大程度上吸取和借鉴了历史上国家杜马的设置、权限和实践。应该在俄罗斯总统制背景下对国家杜马进行研究和对其

---

① 中共中央马克思恩格斯列宁斯大林著作编译局编译：《列宁选集》（第三卷），北京：人民出版社，1995年版，第770页。

作用进行评价。

1993年以来,俄罗斯国家杜马经历了不平凡的发展历程,从叶利钦时期政治派别对立几乎导致国家杜马立法进程瘫痪,到普京入主克里姆林宫后俄罗斯执政当局与反对派关系的变化,最终政权党牢牢控制国家杜马,这个过程反映的是俄罗斯发展道路的选择,在某种意义上是国家治理形式的回归,回归到与国家历史和传统相适应。

虽然俄罗斯国家杜马的权限有限,但它是俄罗斯政治制度的重要组成部分,国家杜马选举方式的每次变化都反映了俄罗斯社会政治行情,国家杜马内政治力量对比的变化,反映了俄罗斯政治生态的特点。了解俄罗斯国家杜马为代表的选举制度是了解俄罗斯的重要入口,是走进俄罗斯的重要途径。

《国家杜马选举制度与俄罗斯政治稳定》一书从历史和现实的结合上对俄罗斯国家杜马选举制度以及与此有关的当代俄罗斯政治进程进行了深入、细致、科学、严谨的考察,书中对俄罗斯历史和现实政治进程的描述准确,所引用的数据具有权威性,不仅具有重要的学术价值,而且有很强的可读性,可以成为研究者、研究生和有关专业大学生的重要参考书,也可以成为普通读者认识俄罗斯的通俗作品。

谨以此祝贺《国家杜马选举制度与俄罗斯政治稳定》一书与读者见面!

李永全

2022年9月

目 录

序 言

导 言 / 1
第一节 选举制度概述 / 4
第二节 政治稳定理论综述 / 18
第三节 选举制度与政治稳定的内在机理 / 28
第四节 国内外相关研究现状及文献综述 / 31

第一章 俄罗斯国家政治制度的确立与完善 / 39
第一节 府院之争：俄罗斯总统制的建立 / 39
第二节 重构和建设国家垂直权力体系 / 51
第三节 2020年修宪：超级总统制的稳固 / 64
第四节 国家权力体系中的国家杜马 / 70

第二章 俄罗斯国家杜马选举制度历史追溯 / 81
第一节 尼古拉二世时期的国家杜马选举制度 / 82
第二节 苏联的选举制度 / 92

第三章 俄罗斯国家杜马选举制度的演变 / 98
第一节 叶利钦时期：国家杜马选举制度的建立 / 98
第二节 普京时期：国家杜马选举制度的改革与完善 / 110

第四章 俄罗斯国家杜马选举制度与政治稳定 / 139
第一节 推动有序政党格局的建立 / 140
第二节 保障普京政权的正当性与持续性 / 144
第三节 促进有序政治参与 / 148
第四节 国家杜马代表选举法完善背后的隐忧 / 150

结　语 / 154

附录一 / 174

附录二 / 185

参考文献 / 190

导　言

　　政治制度化是政治稳定的重要保障，选举制度是政治制度影响政治稳定的一个重要方面。苏联解体后，俄罗斯立即开始了向西方政治体制的转轨进程，建立起共和制的民主联邦制国家，[①] 确定了全民参与的直接选举制度。此举被认为是当代俄罗斯民主政治发展的开端，给俄罗斯多党制的形成带来很大影响，是俄罗斯民主政治转型的关键。随着时间的推移，俄罗斯在发展选举制度时，根据国内政治需要和历史文化传统，不断对选举制度进行修正，使之适合俄罗斯国情和社会稳定的需要。总之，俄罗斯选举制度仿效于西方，完善于适应本国发展现实需要与对历史文化传统的尊重。

　　作为以中央集权为主要治理形式的俄罗斯，其政治、经济和社会进程的密切关系往往超出其他国家。选举制度是俄罗斯政治和社会进程的重要组成部分。俄罗斯国家杜马选举和俄罗斯总统选举可以被认为是确定社会政治稳定的重要依据以及公民情绪的晴雨表。俄罗斯当局根据国内社会政治发展需求和历史文化传统，不断对选举制度进行制度设计，最终建立起符合俄罗斯国情的选举制度，在一定程度上推动了以政权党为核心的多党制发展，维护了政治稳定与执政者的利益。

[①]　Статья 1.《Конституция Российской Федерации》.

本书主要以俄罗斯国家杜马选举制度为考察对象，分析其演变对该国政治生态和政治稳定的影响，以此考察俄罗斯人对本国民主政治发展的探索之路。

自20世纪90年代初俄罗斯总统选举法、国家杜马代表选举法制定及实践以来，学者们对俄罗斯选举制度及其与民主政治发展关系的研究总体概括为两种观点。一种认为，经过30年的发展，俄罗斯竞争性选举已被形式化，选举制度沦为"表面民主"，对民主政治发展没有任何裨益，俄罗斯民主发展实际上是在倒退。另一种则主张，俄罗斯完成民主政治转型需要很长时间，在这个过程中，为避免90年代政治混乱重演，需要保持国家的可控性。在此情况下，俄罗斯选举制度内容与俄罗斯国情相匹配，也得到俄罗斯精英和大众的认可，具有一定的先进性和延续性。

独立以来，俄罗斯国家杜马选举制度的实践总体呈现出三个特点。

第一，俄罗斯国家杜马选举制度的建立及实践对俄罗斯民主政治发展确实存在一定的推动作用。独立以来，俄罗斯政权在代表民意、推动民众参与政治方面是否取得巨大进展一直存在争议。但可以肯定的是，俄罗斯选举制度的建立及实践确确实实扩大了社会集团参与的范围，助推了俄罗斯政党制度的最终建立，对俄罗斯政治稳定的持续起到了一定的辅助作用。

俄罗斯通过全民选举，发展了符合国情的政党格局，进一步巩固了总统执政地位，保障了政治稳定。同时，"选举制度影响政治，但同时也是政治的产物，会因政治压力发生变化。"[①] 比如2011年俄罗斯国内爆发了规模浩大、时间持续久的示威游行，抗议国家杜马选举不公。重压之下，2012年普京重回总统宝座后，推出一系列政改措施，包括降低建党门槛、杜马选举重归混合制等等，在一定程度上推动俄罗斯多党制的发展，增加了政治竞争性。

---

① 罗伯特·戈定、卡尔斯·波瓦克斯、苏珊·斯托克斯著，唐士其等译：《牛津比较政治学手册》，北京：人民出版社，2016年版，第507页。

第二，俄罗斯国家杜马选举制度已经法律化和制度化，但也具有不稳定性的特质。俄罗斯独立至今，一共出台了六部国家杜马代表选举法。① 国家杜马代表选举法的频繁修订和不断演变，与俄罗斯国内外局势的变化紧密相联。因此，俄罗斯国内外多重因素，包括政治力量格局、经济发展、外部环境、历史和文化因素等，决定了俄罗斯选举制度的不稳定性及未来的不确定性。之所以发生变化，其根本目的是维护总统地位，继而维护政治稳定。

第三，俄罗斯国家杜马选举制度带有深刻的"俄罗斯"烙印。回溯俄罗斯千年政治史，毋庸置疑，中央集权是核心，这也是俄罗斯固有的国情。在其根深蒂固的影响下，当代俄罗斯民主政治发展具有鲜明的"可控民主"的特征。"历史和文化因素也许会在相同选举规则的基础上导致不同的结果。"② 每次国家杜马代表选举法的修订实际上是当权者以制度设计的方式保障了现政权的延续性和社会稳定。

本书以马克思主义辩证唯物主义和历史唯物主义方法为基础，结合和借鉴政治学、历史学和社会学方法，在历史和现实结合基础上考察独立后俄罗斯国家选举制度的发展变化，并以历届俄罗斯国家杜马选举实践为佐证，继而抓住独立以来俄罗斯转型过程中民主政治发展的基本轨迹和特点，即俄罗斯一直在探寻民主制普遍原则与俄罗斯的传统及社会现实相结合的发展道路。同时，本书通过研究俄罗斯选举制度的设计，观察俄罗斯政治稳定与国家发展间的关系，探讨后普京时代俄罗斯的发展趋势。

本书内容的创新发展之处概括如下。

第一，选题的独特性。当前，国内外对于独立后俄罗斯政治发展进程的研究或著述很多，大部分都是有关议会制度、政党制度、联邦

---

① 俄罗斯国家杜马代表选举法的发展经历了1993年的国家杜马代表选举条例及1995年、1999年、2002年、2005年和2014年五版。

② 罗伯特·戈定、卡尔斯·波瓦克斯、苏珊·斯托克斯著，唐士其等译：《牛津比较政治学手册》，北京：人民出版社，2016年版，第671页。

制度的研究，但以国家杜马选举制度为切入点分析俄罗斯民主政治发展进程、探讨选举制度与政治稳定关系的研究成果寥寥无几，本书丰富和补充了这一研究领域，特别是对历史上俄罗斯选举制度的系统性归纳应是首创。

第二，准确性、系统性及实用性。本书在研究国家杜马选举制度时，均以俄罗斯宪法、国家杜马代表选举法等法律文件的俄文文本为基础，做到话出有据。国内对苏联解体后俄罗斯选举制度的研究实际上是碎片化的，本书则第一次系统地阐述选举制度的内容，通过梳理它的发展变化及运作实践，再现俄罗斯政治转型之路。更为重要的是，以俄罗斯选举制度为个案研究，可以让我们放弃对民主和民主化的简单化思考，有助于我们对转型国家民主政治形成比较全面的认识。

第三，透过现象看本质，提出独立思考。笔者认为，俄罗斯以稳为中心，甚至稳大于发展的特点，除了与吸取20世纪90年代叶利钦时期的教训有关之外，也与俄罗斯历史文化背景分不开，具有很强的历史继承性与内在发展逻辑性。政治稳定与创新发展的关系一直是俄罗斯面临的现实问题。后普京时代主要政治议题如能抓住这一点，俄罗斯现代化之路将走得更为顺畅。

第一节 选举制度概述

在西方代议制民主政治下，民主的本质在于统治者基于被统治者的同意而代表被统治者实施统治，为了确保统治者的行为能够充分代表或体现被统治者的利益，选举是实现这一行为的重要途径之一。[①] 选举可以通俗地理解为被统治者以投票的方式选择统治者的过程。从这个意义上来讲，没有自由的选举就没有真正的民主。[②] 选举可谓是代议

---

① 何俊志：《选举政治学》，上海：复旦大学出版社，2009年版，第10页。
② Austin Ranny, *Governing: An Introduction to Political Science*, New Jersey: Prentice Hall, 1990, p. 174.

制民主的核心，为了保证选举的正常进行，必须要有一些原则、制度来规范和保障。

选举制度是包括所有与选举行为和后果相关的法律规则。与政权形式有效配套的选举制度是一国政治成熟的重要表现。选举制度对政治制度的安排及其具体运作，以及对社会政策的产生都具有重要影响。选举制度已经被认为是影响政治体系最为强大的政治工具。①

但是，一个国家社会政治制度的选择和形成与该国历史传统和经济基础有密切关系。作为政治上层建筑的选举制度，归根到底是由经济基础决定的，不同的国家也有不同的制度设计。政治制度，包括选举制度只有符合国家社会历史发展和文化传统才能够促进社会经济发展，保证人民的基本权利。正如习近平主席指出，鞋子合不合脚，自己穿着才知道。一个国家的发展道路合不合适，只有这个国家的人民才最有发言权。②

本节主要对西方选举制度的基本原则、规则以及实际政治后果进行基本理论考察，并据此考察俄罗斯选举制度，毕竟后者是仿照西方选举制度建立的。

一、民主与选举

在西方，"民主"一词起源于古希腊语，意为人民和统治的联合，即人民的统治。从这个角度来看，民主的基本含义可以理解为"主权在民"。如何实现主权在民？古希腊城邦的做法是让人民直接参与公共事务决策，这是直接民主最主要的表现。人人都是统治者也是被统治者，所有的重大决策都由全体成员直接以讨论和投票的方式进行。公民在出任公职资格上也拥有绝对平等的权利，即"任何一位公民只要

---

① Arend Lijphant, *The Alternative Vote: A Realistic Alternative for South Africa?* Politikon: South African Journal of Political Studies, 1991, pp. 91-101.
② 《习近平谈发展道路：鞋子合不合脚穿着才知道》，https://www.chinanews.com/gn/2013/03-23/4670131.shtml。

有所作为，他就会被推荐担任公职；这不是一种特权，而是对功绩和能力的肯定。"①

希腊城邦时代结束后，西方社会一直被封建主义统治，民主政治取得突飞猛进的发展是在资产阶级革命后发生的。17世纪—19世纪，资本主义蓬勃发展，英、法、美、德等资本主义国家相继建立起代议民主政体。代议民主制不同于古希腊的直接民主，后者的一个重要特征是统治者由抽签而不是选举产生。代议民主制则是指"全体人民或部分人民通过定期选举出代表来行使他们最后的控制权"②。这种民主制在原则上与古希腊的直接民主是一样的，但"统治"方式却有天壤之别。最大的区别在于，不要求人民直接参与政治决策，而由人民选出的代表代为决策和执行。从这个层面看，选举的重要性在于，它是创建民主政体的基石。③

英、法、美等资本主义国家在建立代议民主政体后，纷纷建立起民主选举制度，大大丰富了"选举"的内涵。选举由于与代议制民主的高度契合而成为西方民主的核心，成为一国实现民主政治的基本形式。一方面，选举解决了代议制民主社会决策机制有效运作问题；另一方面，选举保证了代议制民主政权的合法性问题。④"竞选与投票构成的现代选举程序，是对社会政治参与的制度化，使来自社会的政治参与转化为对现行政治制度的肯定，政权因此也获得合法性与稳定性。"⑤

二战结束后，部分政治学家甚至以选举来定义民主，最著名的两位代表是约瑟夫·熊彼特和塞缪尔·亨廷顿，前者认为，"民主政治下，想获得决策权的人要在人民的选举中通过竞争而产生。""竞争是

---

① 乔治·萨拜因著，刘山译：《政治学史》，北京：商务印书馆，1986年版，第34页。
② 约翰·密尔著，汪瑄译：《代议制政府》，北京：商务印书馆，1982年版，第68页。
③ 何俊志：《选举政治学》，上海：复旦大学出版社，2009年版，第19页。
④ 屠振宇：《选举制度》，南京：江苏人民出版社，2019年版，第17页。
⑤ 房宁：《现代政治中的选举民主》，载《战略与管理》，2000年第6期，第25页。

民主政治的本质"。① 后者在此基础上进一步论证，"民主的实质就是用普选的方式产生最高决策者"。② 事实上，选举并不是代议民主制的全部，也不完全等同于民主。美国政治理论家罗伯特·达尔指出，代议民主政治除选举外，还包括以下要素：表达意见的自由；信息公开透明；公民有权结成相对独立的组织和社会运动；包容广泛的公民身份。③ 从另一个角度来说，选举也只是一国实现民主政治众多途径中的一个，其他的路径还包括民意调查、请愿、全民公投等。④ 这些途径也在一定程度上扩大了公民参与政治的空间。同时，选举的意义也并不限于民主。现代意义上的选举不仅是一种选拔人才的手段，是一种实现民主政治的途径，而且还是一项人人享有的个人权利。此外，从选举与民主的发展历程中也可以看出，也并不是有选举的地方就有民主。古希腊的直接民主消失后，地方选举其实一直在欧洲的一些地区大量存在，但这些欧洲国家并未因此被视为民主国家。如德意志帝国的皇帝在一段时期内也是通过选举产生的。因此，选举是可以在民主政体下进行，也可以在非民主政体下举行，非民主选举具有以下特征：选举权受到包括财产、性别、种族、教育等因素的限制；选民被迫作出选择；等额选举，等等。⑤ 现代西方社会中，选举同样比民主本身获得更多的关注，同时存在一种误解，就是选举的重要性已经大过民主的本身，民众参与民主决策的权力已远远被忽视。从表面上看，西方国家执政者是通过大众普遍、广泛选举产生的，但本质上，在西方政治实践中，选举只是一种工具，当政者利用这个政治工具使自己合法拥有了统治国家的权力。简言之，在西方国家中，选举民主的本质是精

---

① 约瑟夫·熊彼特著，绛枫译：《资本主义、社会主义和民主》，北京：商务印书馆，1979年版，第337—410页。
② 塞缪尔·亨廷顿著，刘军宁译：《第三波——20世纪后期民主化浪潮》，上海：上海三联书店，1998年版，第4—7页。
③ 罗伯特·达尔著，李柏光等译：《论民主》，北京：商务印书馆，1999年版，第94页。
④ 何俊志：《选举政治学》，上海：复旦大学出版社，2009年版，第25页。
⑤ 安德鲁·海伍德著，吴勇译：《政治学核心概念》，天津：天津人民出版社，2008年版，第247页。

英民主取代大众民主。

基于上述论述，可以得出的结论是：没有选举就没有代议民主，选举是一种政治决策和选拔人才的手段，是一国实现民主政治的基本形式，也是一项普遍享有的个人权利，即个人有权参与决定最为关键的公共事务。同时，代议民主也不仅仅包括选举这一项内容，两者之间不能完全划上等号。民主是对国家权力与公民权利在制度上的一种理性设计与安排。从民主的内容上来看，就是人民享有国家主权。从民主的本质上看，就是人民当家作主，选举出来代表自己意愿的政府。从民主的形式来看，现代的民主是一种代议制的民主，分为直接民主和间接民主。由于执政理念和国情的差别，民主制各个国家的实现形式也是不尽相同的。像我国的人民代表大会制度，英国的立宪制，德国的内阁制，美国的两党制，都是在以自己独特的方式来践行民主制度。

随着时代的发展，在实践中西方选举制度暴露出极大的弊端。在西方国家，民主越来越被简化为"一人一票""多党竞选"，认为选举是实现民主的唯一途径，"选举至上论"用形式上的民主掩盖了实质上的民主，实质上是武断和片面的。比如美国的总统选举，是一种系统性、结构性腐败，是通过暗箱操作却又披上合法外衣的金钱买卖。虽然美国一直宣扬其政治体制以人人平等为基础，"一人一票""同票同权"，但在其选举制度中"一人一票"原则的实施过程中，也存在着很多不平等的地方：一方面，穷人与富人不可能享有完全同等的竞选权。资本力量能决定谁是候选人。无论是美国的总统大选还是国会选举，其候选人要想得到政党的支持，就要获得足够的资金支持。另外，美国院外议员的活动也获得了各种资金支持，这使得总统和议员在决定国家政治走向、制定各种政策时，首先要考虑垄断集团的利益。另一方面，资本力量能决定谁当选。垄断资本与普通选民也不可能享有同等的选举权，因为普通选民不仅只能在垄断资本事先圈定的两人之间进行选择投票，而且看似自由的投票，实际上早已被垄断资本通过舆论操纵控制。据历史学家统计，从1860年到2008年在美国的历次大选中，竞选经费占优的一方几乎都获得了胜利。例如，1860年大选，共和党筹得十万美元，民主党筹得五万美元，结果是共和党候选人林肯获胜。2008年，奥巴马和麦凯恩对决时，民主党筹得6.41亿美元，共和党只筹得三亿美元，自然是民主党候选人奥巴马胜出，金钱与民主的博弈从未间断。因此，这完全是一种用金钱来操纵舆论、用舆论来操纵民主的"民主"，实质上是虚伪的民主，是少数人统治多数人的民主。

西方民主发展到今天，已然陷入困境。世界上许多所谓"民主"国家（包括南亚在内）仍在从程序性到实质性民主的过渡阶段。这是因为民主制度允许社会的某些势力拥有巨大权力，只有金融和政治精英获得足够权力并在选举中推出能代表自己利益的代理人。选举结果是否合理公正，是否真正符合选举预期，都并不为普通选民所掌握。选举民主产生的是政治家而不是领导人，他们关心的是下一场选举而不是下一代民众。民主只是手段而不是目的，实现公民福祉才是民主的最终目标。

二、选举制度类型与内容

选举制度是西方政治制度的重要组成部分，包括一切有关选举的法律，及运用这些法律的技巧。主要内容包括选举权、选举原则、选举规则、选举程序、投票结果的计算，以及议席的分配等等，具体包含在各国宪法、选举法以及其他法律中。

（一）选举原则

世界普遍公认的选举原则包括：普遍、平等、直接、秘密的原则。

1. 普遍与平等原则

普遍原则指的是选举权和被选举权的广泛性，即每个享有国家宪法规定的权利和义务的公民都拥有选举权与被选举权。这两项权利不分性别、财产、宗教、教育等限制而为社会公民所普遍享有。① 选举的普遍原则尽管要求人人都享有选举权，强调选举权的普遍性，但并非绝对。各国在实行普选制度之后，仍在选举权的享有与行使上设置了限制条件。② 普遍原则反对的是对选举权作不公正、不合理的歧视性限制，而不是限制的本身。出于国家组织选举工作的主客观条件的限制，现代国家虽然肯定了普遍原则的重要地位，但仍然难以完全实现。比较各国法律规定，选举资格合理限制包括年龄、国籍、居住期限等等。公民因为犯罪而被剥夺选举权，在各国选举实践中也是一种常见的限制。当然，在选举发展史上，选举权也确实受到来自宗教、财产、教育、性别和种族等方面的不合理限制。

选举的平等原则源于人人平等的平等理想，可以说是人人平等的平等理想在选举领域的具体体现。平等选举原则包括：每位公民都享有平等的选举权，不受民族、种族、性别、职业、宗教信仰、教育程度、财产状况等因素限制；投票权平等，即每位选民"一人一票"；平等划分选区，定期统计选民的数量并按照平等原则适时调整选区的大小，以使不同选区的选民票值相当。③

无论是选举人还是被选举人在选举活动中都应该得到公平对待，选举规则不能因人而异。为了保证选举公正透明，选举机构的运作、选举进程、选举资金的使用、竞选宣传、选举结果都应向全社会公开，接受大众监督。同时，还要建立起完备的选举仲裁制度，以便应对选举结束后所有的选举诉讼。

此外，选民应拥有如言论、出版、结社和成为候选人的自由权利。选举期间，不允许出现破坏选举和选民自由意志表达的行为，一旦存在，将受到法律制裁。

---

① 屠振宇：《选举制度》，南京：江苏人民出版社，2018年版，第27页。
② 何俊志：《选举政治学》，上海：复旦大学出版社，2009年版，第9页。
③ 同②，第92页。

2. 直接与秘密原则

直接选举，顾名思义，是指选民在一个选区内直接投票的选举方式，不存在任何"中介"。与此相对应的是间接选举，即一个选区内选民推选出代表，再由这些代表依法投票的选举方式。就民意表达而言，直接选举更为直接、透明，而间接选举则可能造成选民意志不能被准确地表达。① 直接选举原则，其实质在于要求选举以一种更能准确、公正地反映选民意愿的方式展开。

秘密投票亦称无记名投票选举，是指选民在秘密投票处填写选票，在选票上确定对候选人的选择或其他选举意向，同时不注明自己姓名的一种投票方式。秘密投票原则本质上并非简单要求采取秘密投票的方法，而是要求最大限度地保障投票人能够按照自己的意愿进行投票，保证投票人投票的自由意志。

（二）选举制度的类型

这里的选举制度通常指的是议会选举制度。一般根据选区规模、选民数量、选举方法等因素将当代议会选举制度分为三种类型：多数决制、比例制及混合制。②

1. 多数决制

多数决制是指候选人及其政党在一个选区获得多数选票即为获胜的制度，③ 分为相对多数制和绝对多数制。

相对多数制也叫"一轮当选制"，是指候选人只要获得选区的最多选票而无需选票过半数就可当选的选举制度，包含三个要素：一是每一选区只产生一名代表。在采用相对多数制选举的国家里，全国选区数量就等于议会下院的议员数量。如美国的众议院选举，众议院共有

---

① 屠振宇：《选举制度》，南京：江苏人民出版社，2018年版，第53—54页。
② Arend Lijphart, *Electoral Systems and Party Systems: A Study of Twenty-Seven Democracies, 1945–1990*, Oxford: Oxford University Press, 1994, p. 119.
③ 同①，第67页。

435个议席,全国就划分为435个选区。二是选民在投票时,一人一票,选出自己最中意的一名候选人。三是不论票数多少,得票最多的候选人即可赢得选举。①

在20世纪之前,实行选举制的国家多采用单选区相对多数制,当前全球191个国家中,有54个国家使用相对多数制选举议员。② 以美国为例,美国的各级选举实行单选区相对多数制和"胜利者得全票制"。总统、国会参众议员、州长、州议会议员、县行政长官、市长、市议员等都是按照这些规则选出的。拿众议员来说,美国众议院435位众议员是由435个选区选出的,每个选区按相对多数制选出一名议员。美国宪法规定,各州的众议员席位根据每十年进行一次的人口普查数量来确定。当联邦政府将一个州的众议员席位分配给州政府后,如何划分选区属州政府的职权,除六个州因人数少而只有一名众议员外,其他各州均需划分选区。选区的划分由州议会提出方案,通过后由州长签署生效。因此,州议会在决定选区划分时起着决定性作用。③

相对多数制的优点在于简单易行、稳定。④ 同时它的缺点也非常明显,如实力强劲的大党会占据优势,但也间接巩固两党制,有利于形成稳定的政府。多数政治学者认为,相对多数制与两党制之间存在着密切的关系。例如,研究政党制度的政治学家萨托利认为,尽管相对多数制本身不能产生全国性的政党政治,但是,它有助于维持一个已经存在的两党政治。⑤ 因为,在相对多数制下,小党的候选人很难取胜,选民倾向于投大党的票,使两大党中的其中一个党赢得议会多数或总统选举。相对多数制加大了有规律地实现政府更替的可能性,从

---

① David M. Farrell, *Electoral System, A Comparative Introduction*, New York: Palgrave, 2001, pp. 21-23.
② Pippa Norris, *Electoral Engineering, Voting Rules and Political Behavior*, Cambridge: Cambridge University Press, 2004, p. 41.
③ 与非:《美国国会》,北京:中国民主法制出版社,2001年版,第149页。
④ 同②,p. 20.
⑤ 聂露:《论英国选举制度》,北京:中国政法大学出版社,2006年版,第244页。

而有利于形成稳定的政府。

绝对多数制又称"过半数选举制",是指在候选人在选区获得半数及以上的选票才能赢得选举,包括二轮多数选举制和选择性投票选举制。二轮多数选举制,选举有可能要举行两轮。在第一轮选举中,候选人必须获得选区半数及以上的选票才能当选。如果所有候选人都没有获得半数选票,就必须举行第二轮选举。在第二轮选举中,按简单多数原则,候选人获得最多选票的就能获胜。世界上采用两轮绝对多数制的国家要多于使用相对多数制度国家。[1] 法国总统和议会选举都采用这个选举原则。俄罗斯总统选举也采取这个原则。选择性投票选举制,指的是选民在选票上根据自己的偏好对候选人进行排序,获得半数及以上的"排名第一票"的候选人获胜。这种选举规则现在世界上运用较少。

绝对多数制的优点是可以避免选出最差的候选人,其缺点在于效率较低,有可能在多轮投票后才产生当选人。在选举制度对政党制度和政府稳定的影响方面,绝对多数制有助于多党制下左右翼政党联盟的形成,从而促进政府稳定。因为,在第二轮投票中,相同政治属性的政党结成联盟才容易获得席位。同样的原因使得中间政党分化瓦解。法兰西第五共和国初期形成的多党制政党格局正是在两轮绝对多数制的直接催生下演变为左右两大派对峙的政党格局,从而克服了第四共和国党派林立、变化无常导致的政局动荡的弊端。[2]

相对多数制和绝对多数制有一个共同的缺点,即选举结果有被操纵的危险。相对多数制和绝对多数制多实行单选区制,在单选区制下,选区划分难度高,选举结果容易受到选区划分的影响。这是因为单选区的划分要求人口数目基本相等,还需要考虑地理条件和行政区划,而且选区人口又处于不断的变动之中。在选区划分中,掌握权力的政

---

[1] 罗德·黑格、马丁·哈罗著,张小劲等译:《比较政府与政治导论》,北京:中国人民大学出版社,2007年版,第224页。

[2] 吴国庆:《法国政党和政党制度》,北京:社会科学文献出版社,2008年版,第287页。

党往往会想尽一切办法作出有利于自己选情的划分。1958年，戴高乐为阻止法国共产党在工人集中的马赛等大城市中当选，把大城市划分为小块，将自然形成的工人集中区人为地分割开来。2016年，在俄罗斯第七届国家杜马选举中，也采取了类似的单选区划分方法，巧妙地将大城市划分为几个大区，每个大区与周边数个区镇一起构成一个单名制选区，有利于政权党——统一俄罗斯党获得更多的选票。

2. 比例制

比例制亦称"比例代表制"，是根据各政党在选举中所获票数在总票数中所占比例来分配议席。每个选区可产生多名代表。政党是比例代表制的主角，该选举制更多体现的是各种政治力量竞争的一个过程。比例代表制分配议席的一般方法是，首先根据选票与议席的比例，确定产生一个议席所需要的票数即当选基数，然后用各政党各自获得的有效选票数除以这个当选基数，最终得出各政党应得议席数。比例代表制当选基数的计算方法是：当选基数=某一选区有效投票总数/某一选区应选出的代表名额。[①] 按照这种算法，通常会出现各政党留下剩余票的情况，而议席也会出现剩余。因此，在政治实践中，又必须采取多种补救方法。例如，可依次由余票多者取得所剩议席。实行比例代表制的大多数国家都会辅之以政党门槛设置，得票率低于门槛的政党将得不到任何席位。政党门槛的设置可确保极端分子没有机会进入议会。[②]

比例代表制是为克服多数当选制代表性不足的缺陷而产生的，它的产生晚于多数当选制。因此，与多数决制相比，比例代表制最大一个特点就是，更能客观反映各种政治力量的实力。各种政治力量都能够有机会进入议会，体现选举的公平性，[③] 也有助于多党制度的发展和

[①] 田为民、张桂琳：《外国政治制度理论与实践》，北京：中国政法大学出版社，1998年版，第82页。

[②] 罗德·黑格、马丁·哈罗著，张小劲等译：《比较政府与政治导论》，北京：中国人民大学出版社，2007年版，第220页。

[③] 让·马里·科特雷、克洛德·埃梅里著，张新木译：《选举制度》，北京：商务印书馆，1996年版，第77—79页。

政治多元化。但相对的,也有一定的缺陷:一是议员与选民之间的联系较弱,选民直接面对的是政党;二是客观上为那些极端主义政党进入议会创造条件,因为这些政党只要有一定比例的选票支持,就有可能进入议会;三是组建政府有难度。如果各党实力相当,那么不可避免就会出现目标和政策迥异的政党组建联合政府,这样的政府极为不稳定,会经常发生政治危机。但这种情况也不是必然的,如荷兰、瑞士、挪威等国家均采用了比例代表制和组成联合政府,但是政府稳定程度很高。这些国家有一个共同点,即实行共识性民主模式。该模式强调,各个政治阶层对政治体系的理念、规则和结果表示接受和同意。在没有实行共识性民主模式的国家,如战后的意大利,则呈现出多党林立、倒阁频仍的政治混乱状态,政治稳定无法保障。因此,比例代表制在没有共识性民主因素的情况下,对于政治不稳定的确应该负相当的责任。① 目前,欧洲大陆和拉丁美洲的大部分国家、亚洲和非洲的一些国家,都采用这种制度选举议员。

3. 混合制

混合制也称"混合选举制",就是将单选区多数决制和比例代表制结合起来的选举制度,其主要特点是选民投两张票,一票投给小选区(单名制选区)的候选人,小选区选举施行的是多数决制;另一票投给大选区中政党推荐的候选人,大选区选举采用的是比例代表制。混合选举制主要分为联立制和并立制两大类型。②

联立制也称"混合比例制",最大的特点是第二选票定胜负,决定政党在议会中的最终议席。其过程是:投票结果出来后,首先计算各政党在全国的得票率,然后确定超过法定门槛进入议会的政党,并分配其议会席位,接着扣除政党在单名制选区所得席位,剩余席位再由各党具体分配。战后德国联邦众议院所采取的混合制就是联立制的典型代表。

并立制又称"混合多数制"。并立制也采取两票制,与联立制区别

---

① 聂露:《论英国选举制度》,北京:中国政法大学出版社,2006年版,第253页。
② 王业立:《比较选举制度》,北京:五南图书出版有限公司,2006年版,第34—35页。

在于，联立制下的议席分配完全取决于第二票，而并立制下单名制选区和比例代表选区选票分别计算。各政党在议会的议席是单名制选区的席位加上比例代表选区的席位。第一票和第二票之间没有直接关联。日本现行的众议院选举制度、俄罗斯国家杜马选举制都是典型的并立制。

当然，在实行混合选举制的国家中，简单多数制和比例代表制的调配比例、联立或并立、政党门槛等都不尽相同。具体区别如表1所示。①

表1 各国混合选举制情况一览表

国家	席位分配	门槛	类型	选票
德国	598席，二分之一简单多数制，二分之一比例代表制	5%或3席	联立制	两票制
新西兰	120席，65席简单多数制，55席比例代表制	5%或1席	联立制	两票制
韩国	273席，227席简单多数制，46席比例代表制	5席	并立制	一票制
日本	480席，300席简单多数制，180席比例代表制	2%或5席	并立制	两票制
意大利	630席，四分之三简单多数制，四分之一比例代表制	4%	联立制	两票制
俄罗斯	450席，二分之一简单多数制，二分之一比例代表制	5%	并立制	两票制

混合选举制综合了简单多数制和比例代表制的特点，其代表性和政党分化程度介于多数当选制和比例代表制之间。也就是说，混合选举制既吸收了简单多数制和比例代表制的长处，同时也吸纳了它们的先天不足。因此，混合选举制的政治影响不能一概而论，必须根据两

---

① 王业立：《比较选举制度》，北京：五南图书出版公司，2006年版，第37页。

种方法所占的比例、政党门槛等因素进行具体分析。一般来讲，比例代表制的名额越多，政党门槛就越低，越有利于小党当选；比例代表制的名额越少，政党门槛就越高，小党越容易被淘汰。因此，可以通过设计不同的比例代表制名额和政党门槛来调节议会内政党的数量，以控制政治不稳定的因素。但是，政治稳定往往是以牺牲代表性为代价的。

（三）选举程序

虽然各国依据本国历史文化和地理因素选择不同选举规则的选举制度，但在选举实践中，选举程序大致是相同的、稳定的。公认的选举程序包括：建立选举机构、划分选区、登记选民、推荐及确定候选人、竞选活动、投票、计票、公布选举结果等。

建立选举机构。选举机构即负责组织和举行选举及其相关活动的国家机构。选举机构的设立是保证选举活动有序进行的重要基础，其职责一般包括选区划分、编制选民名单、登记注册候选人、监督管理竞选活动、监督和组织投票、计算票数、正式公布选举结果等。选举机构一般独立于其他国家机构。

划分选区。选区的划分由选举机构来进行，一般依据两个原则。一是以现有的行政区域作为选区。美国国会的参议院与德国的联邦参议院选举中选区的划分都是按照这一原则进行。二是按照人口数量来划定选区，每个选区的人口数大致相当。俄罗斯的选区划分就是根据这一原则进行。在此原则下，根据选出代表人数的不同又形成小选区和大选区。[①] 前者每个选区只能选出一名代表，后者可选出多名代表。

登记选民。登记选民关系到公民能否享有选举权和被选举权，是保证选举结果有效性与合法性的基础。它是选举制度运作的第一步，是选举程序中重要环节之一，其主要目的是防止同一选民跨区重复投

---

① 屠振宇：《选举制度》，南京：江苏人民出版社，2018年版，第102页。

票，还有就是排除无选举权的人参与选举。选民登记方法分为义务登记和主动登记。义务登记主要是相关国家机构将选民信息编制成册提交给选举机构。主动登记指的是选民在国家规定时间内亲自到相关国家机关进行登记。

推荐及确定候选人。一国宪法及选举法都对候选人资格有详细的规定。在符合法律规定的条件下，拥有当选资格的候选人一般通过以下方式产生：政党提名、自我提名、选民推荐、选民预选等方式。候选人产生以后，还需向选举机构提交登记所需文件资料，审核通过后，才能正式成为参选的候选人，进入选举过程的下一个阶段。

竞选。竞选活动实质上就是候选人为了获胜而依法进行的争取选民支持的活动。它是选举中最重要的环节，是候选人为争取当选而依法进行的争取选民支持的活动。竞选过程的主要环节包括：确定竞选班子、拟定竞选纲领、筹措选举资金、进行宣传活动和选民动员等。

投票。投票是选举实践中最具有决定性意义的环节，是选民行使选举权的直接表现。选民在法律规定的投票日或规定提前投票时间内在规定的场所对其所支持的候选人进行投票。投票时间一般为一天。

计票及公布选举结果。投票结束后，要进行统计票数工作，这是由相关选举机构来进行，并将选举最终结果正式成文，由最高级别选举机构根据相关法律确定是否有效，并正式对外公布。

第二节 政治稳定理论综述

政治稳定理论系统性研究始于 20 世纪 60 年代后期。美国发展政治学家在研究发展中国家的政治发展问题时，对政治稳定问题进行了全面、系统的研究。对政治稳定问题研究较有代表性的四个学派是：比较历史学派、政治系统和结构功能学派、社会心理学派，以及新制度主义政治学派。随着时间的推移，越来越多发展中国家的政治发展表明，美国在推动第三世界国家实行经济市场化、社会现代化和政治西方化的政策过于简单和粗暴,天真地认为西方的政治经济制度适用于一切国家,事实上,这些国家不仅没有走向美国所期望的西方现代化道路,反而产生了大量的暴力、冲突、失序和不稳定,这种状况还在某些国家反复出现。正是出于这个原因,剖析这些国家政治失序和政治不稳定的原因,以及探求如何维护政治秩序,实现政治稳定就成为许多学者研究政治发展的主要考量。

一、政治稳定研究的兴起与发展

不管是发达国家还是发展中国家,都曾经历过或正在经历着政治失序和政治不稳定的困扰。文明和成功的社会必然要求政治秩序的存在,因此,处于每个时代的政治思想家都从不同角度对政治稳定进行过探讨。自古希腊时代起,就有政治思想家关注政治稳定问题。不过,古代政治思想家们对政治稳定问题的研究,主要偏重于抽象地比较各种政体类型与政治稳定之间的关系。如古希腊的思想家、政治学家亚里士多德,就曾在研究古希腊城邦国家政治体制和社会结构的基础上,提出了以中产阶级为基础的共和政体才是最稳定、最能长治久安的理想政体的观点,并提出了维护这一政体的若干基本原则,如主张财产私有公用、公民轮番执政、实行法治、国家规模适度等。此后的一些政治思想家如波里比斯、西塞罗等人则更进一步指出,任何一种"好的"简单政府形式,都有可能沦为其相应形式的变种——君主政体容易沦为极权制,贵族制容易沦为寡头制,民主制容易沦为暴民制等。只有将所有形式中有利于政治稳定的积极因素结合在一个混合的政府里,才能避免动荡和衰落。这些思想家考察的主要是政体稳定。

将政治稳定问题作为政治学理论的一个重要范畴进行系统研究是在第二次世界大战结束以后。20世纪60年代后期,美国政治学家在研究发展中国家的政治发展问题时,对这些国家的政治稳定问题进行了系统的研究。"自觉的政治发展研究热潮之所在20世纪50年代以后逐渐形成,绝不是偶然的。"① 二战结束后,亚非拉一系列新的、独立的民族国家不仅面临着发展经济的问题,而且还有一个政治制度的选择和建立以及政治制度有效运作问题。西方发达国家为了有效对这些国家施加影响,在进行经济援助的同时,也将西方的政治体制和政治文化观念强行向这些国家输入。但发展中国家的政治发展轨迹同发达国家的初衷完全脱节,这些国家不仅没有走向他们所期望的有序的民主政治发展道路,反而产生大量冲突和失序。现实迫使西方学者将政治发展研究的重点从主要关注发展中国家的经济发展和贫困问题,逐渐扩散到政治制度的选择和运作问题。如何维护政治秩序、实现政治稳定就成为许多政治学者,特别是美国学者在20世纪60年代以后政治发展的主要议题,并逐渐形成一套关于政治稳定的经典学说和判断标准。这其中有不乏借鉴之处,但也带有明显的西方制度和价值观倾向。

二、政治稳定理论研究主要流派

纵观美国学界政治稳定的理论研究,主要有四个学派:以塞缪尔·亨廷顿为代表的比较历史学派,以戴维·伊斯顿和加布里埃尔·阿尔蒙德等为代表的政治系统和结构功能学派,以泰德·格尔等为代表的社会心理学派,以及20世纪80年代后期发展起来的新制度主义政治学派。

(一) 比较历史学派的政治稳定理论

比较历史学派的学者往往通过对两个以上社会对历史变迁过程进行比较来研究政治发展规律。其主要代表人物是塞缪尔·亨廷顿。其著作《变化社会中的政治秩序》被学术界公认为这一领域的权威著作,他在书中指出,对于发展中国家来说,首要的问题不是自由,而是建立一个合法的公共秩序。② 亨廷顿对发展中国家的政治稳定、政治参

---

① 姚建宗:《国外政治发展研究述评》,载《政治学研究》,1999年第4期,第78—89页。
② 塞缪尔·亨廷顿著,王冠华、刘为译:《变化社会中的政治秩序》,上海:上海人民出版社,2008年版,第6页。

与、政治秩序等诸多方面及其相互关系的研究在这一领域取得了开创性成果。

关于政治稳定的含义。亨廷顿将政治稳定定义为可持续性的、稳定的、动态的政治社会状态。也就是说,政治稳定包含两个基本要素,即秩序性和继承性。"秩序性既没有政治暴力、压抑,或体系的解体。继承性则指未发生政治体系关键要素的改变、政治演进的中断、主要社会力的消失,以及企图导致政治体系根本变化的政治运动。"① "政治稳定体现在政治体系与社会许多发展中国家现代化进程中普遍易发生的政变、经济及文化环境的互动中。政治稳定实际上是一种政治秩序的维持。"②

关于发展中国家政治不稳定的原因。亨廷顿通过对二战后一些发展中国家的研究,指出这些国家政治动荡的原因并不是贫穷落后,而是他们实现现代化的努力。"现代性产生稳定,而现代化会引起不稳定",即在现代化的任务完成以后政治是稳定的,而在现代化进行的过程中会出现政治不稳定。他认为发展中国家在进行现代化时,随着国家经济社会的发展,社会动员能力的不断提升,使得人们的政治渴望剧增,但是如果政治制度化标准化的水平不足,社会对其政治需求不能满足,过度的体制外参与导致了政治的不稳定。亨廷顿运用其经典的三个公式来说明政治参与迅速扩大,而参与渠道相对狭窄是如何造成政治不稳定的。公式一:社会动员/经济发展=社会挫折感;公式二:社会挫折感/社会流动机会=政治参与;公式三:政治参与/政治制度化=政治稳定。③ 他认为政治稳定取决于政治制度化和政治参与的比例,以及政治体系中政党的力量和权威的政治结构对政治稳定的作用。民众的政治参与和政治制度化水平的非协调发展,呈现剪刀差的

---

① 邓伟志:《变革社会中的政治稳定》,上海:上海人民出版社,1997年版,第23页。
② 高雁晋:《亨廷顿政治稳定理论与中国社会和谐发展》,载《兰州大学学报》,2014年第2期,第94—99页。
③ 塞缪尔·亨廷顿著,王冠华、刘为译:《变化社会中的政治秩序》,上海:上海人民出版社,2008年版,第56页。

形态直接导致了政治的不稳定。要促进政治稳定，必须实现两者的均衡发展，而发展中国家的政治发展远远落后于经济社会发展，这一现状势必导致政治动乱。同时，他认为城乡之间的差距也在进一步加剧政治不稳定。一个处于现代化过程中的国家的稳定，亟需依赖于它在农村推行改革的能力，能否动员农村民众更大程度地参与政治生活。这就是他所说的乡村动员或"绿色起义"。

解决政治不稳定的途径。亨廷顿提出解决政治不稳定的关键是正确处理好政治参与和政治制度化之间的关系，解决的途径就是进一步实现政治的制度化水平。他认为政治制度化是一个渐变的过程，是政治体系在组织上和程度上获得价值和稳定性的过程，可以通过其适应性、复杂性、自主性和凝聚性四个指标来衡量，这"四性"越高，政治制度化越高。

针对如何实现政治制度化，他提出首先要建立足够强大的政府权威，通过政府的强大凝聚力，来实现政治制度化和民众政治参与相对均衡的发展，从而避免政治动荡，达到政治上的稳定。此外，要建立强大的政府权威，必须有一个坚强的领导核心，因此也要完善政党制度，因为政党有代表民意与利益综合的功能，实现政治制度化必须依靠政党的领导。另外，要实现政治的稳定，还必须要有具备革新能力和吸收能力的政治体系，在此基础上，通过不断进行政治体制改革，以渐进的方式为实现政治稳定奠定坚实的基础。

（二）政治系统和结构功能学派的政治稳定理论

这一学派的学者主要运用系统论和结构功能的分析思路来研究政治结构与社会系统之间的功能维持关系，其主要代表人物是戴维·伊斯顿和加布里埃尔·阿尔蒙德等。功能主义的研究方法注重结构的平衡，政府的主要任务在于实现政治体系和其环境之间的平衡，只要统治者能够对新的政治要求作出回应，并保持政治体系的平衡，那么，政治稳定就可以得到维持。

导 言

　　伊斯顿在他1953年发表的《政治系统：对政治学现状的探讨》中，将一般系统论原理引入了政治学研究，并认为用政治系统理论能够解释国际政治、国家政治、地方政治各个层次的政治现象——政治系统的生存。从政治稳定的角度来看，政治系统分析的基本问题就是：政治系统如何维持生存？政治系统分析的核心主题就是政治系统如何解决其持续、适应、调整和稳定的问题。也就是说，他要探索出一种为现存政治秩序服务的方法，并把维持现存政治系统的稳定和持续作为目的。伊斯顿把政治系统的稳定看作输入和输出的不断平衡，政治稳定就在于政治系统有能力承受外部环境对系统的压力。他认为，任何持续的政治系统必须具备两大基本功能：一是能够为一个社会提供权威性的分配价值体系；二是社会中的大多数成员必须将这种分配作为义务予以接受。"当一个权威性分配价值的系统受到极其沉重的压力，以至于再也不能承受时，该系统就会崩溃。"①

　　阿尔蒙德在自己的著作《比较政治学：体系、过程和政策》中指出，政治不稳定产生于以下几个方面：一是政权合法性问题，如果人们对政权的合法性产生怀疑、意见分歧、往往会导致内战和革命。② 二是"国家认同意识"发生危机。阿尔蒙德认为，在任何一个国家中，当对传统的准国家单位的忠诚与对国家的忠诚发生冲突时，政治共同体的问题就可能成为首要问题，并造成重大的政治危机，随之而来的就是分裂主义运动。③ 三是社会集团之间的疏远和敌视感很可能造成政治冲突。如果社会各集团之间存在很大的意见分歧，而且互相存在的敌意在不断加剧的时候，会增加他们之间冲突的可能性，任何细小的问题都容易使这种弥漫的敌意转化成愤怒和暴力。四是利益表达渠道的受阻将导致多种形式的冲突，包括抗议示威、罢工暴乱等。五是政

---

① 加布里埃尔·阿尔蒙德、宾厄姆·鲍威尔著，曹沛霖译：《比较政治学：体系、过程和政策》，北京：东方出版社，2007年版，第33、35、41页。
② 同①，第36—37页。
③ 同①，第38—39页。

治体系对世俗化造成的政治参与的迅速扩大不能有效回应将引发政治冲突。随着政治深入发展，必然引起的政治参与的扩大以及参与意识的增强，如果政治体系不能很快地提高满足要求的能力，就很容易陷入困境。六是政府公共政策的失误常常也会导致公共秩序的混乱。如果人们认为权威性的分配不公平，那么他们的认同和服从将会减弱。七是利益表达方面存在障碍将导致多种形式的冲突，利益综合的两极化也会导致政治冲突。

（三）社会心理学派的政治稳定理论

这一学派的学者主要是针对政治不稳定的社会心理学研究，通过对暴力攻击、动乱和革命等现象进行社会心理学分析，以解释人们为什么会做出反抗、侵害、攻击、暴乱乃至革命的行为。当代社会心理学研究途径首创于20世纪60年代的美国，有三种不同的理论。第一种理论是本能理论，假设"攻击是人的本能"。认为人类有一种对死亡的反抗本能，人类在求生存的本能支配下做出破坏和攻击的行为。第二种理论是学习理论。该理论认为，攻击行为基本上是后天习得的，并且现实中的一些攻击行为不仅是行为者后天习得的，而且经常被用来作为实现特别目的的策略。第三种理论是挫折-攻击理论，该理论认为挫折会引发有目标的攻击行为，当人们受到挫折时，会倾向于作出攻击性行为反应。上述三种理论中，"挫折-攻击理论不仅有了比较系统的发展和构建，而且，与其他理论相比，它在经验研究方面也有较丰富的支持，同时包容了其他心理学理论的业已获得接受的观点，成为迄今为止社会心理学者对政治不稳定问题进行研究而得出的最丰富的成果。它为人们在对政治稳定进行物质条件研究的同时进行社会心理条件的研究提供了较完善的理论模式。"[①]

此外还有相对剥夺理论，该理论与挫折-攻击理论相兼容。历史学

---

① 田为民：《政治稳定的社会心理条件研究》，载《江苏社会科学》，1999年第2期，第158—164页。

家克兰·布林顿在20世纪50年代在《革命的解析》一文中得出了每一次革命均发生在一个革命者不满所汇集的上升的、繁荣和改善时期的观点。其实这种观点是托克维尔最早提出的，认为"尽管路易十六统治时期是君主政体下最繁荣的时期，这一极度的繁荣却加速了1789年革命的爆发。"此后，詹姆斯·戴维斯提出了著名的J曲线假设，他认为，人们是否投入叛乱取决于人们对心理期望值和实际实现能力之间差距的理解，即人们对想得到和能得到之间差距的认识。也就是说，当一个国家随着工业化带来的经济社会发展，人们对生活的期望值也随之升高。任何社会制度带来的物质产品的多少和满足感所持续的时间是有限的。如果当物质产品的增长已接近极限，而民众对期望值仍在持续地快速上升，那么当期望值和满足感间差距最大的时候，就容易发生政治不稳定。①

泰德·格尔则在上述思想的基础上提出了著名的相对剥夺理论。他在《人为什么造反》一书中提出一个关键概念——"相对剥夺"，以解释政治生活中的集体暴乱，实际上阐述的就是期望与现实的脱节问题，即在可预见的未来，人们所应得的与他们期望得到的之间的比率问题。根据相对剥夺理论，当被剥夺的感受被社会成员广泛认同，并且，价值期望与价值能力的背离加剧时，政治不稳定最有可能发生。② 对于统治者来说，非常危险的情况是，一方面人们的期望不断上升，另一方面政府满足人们不断增长的期望的能力却不断下降。更糟糕的是，统治者为了获取统治的合理合法性，又不断向已经不满的人们许下将来美好生活的诺言，但却无法实现。③

---

① 劳伦斯·迈耶等著，罗飞等译：《比较政治学》，北京：华夏出版社，2001年版，第376页。
② 迈克尔·罗斯金等著，林震等译：《政治科学》，北京：华夏出版社，2021年版，第373页。
③ 田为民：《政治稳定的社会心理条件研究》，载《江苏社会科学》，1999年第2期，第158—164页。

(四) 新制度主义政治学派的政治稳定理论

20世纪80年代,美国政治学家开始将新制度主义经济学系统引入政治学的研究,使"制度"重新受到关注,并成为政治学的核心词汇。主要代表人物有道格拉斯·诺斯、布鲁斯·梅斯奎塔、斯蒂芬·哈勃,以及保罗·扎克等人。

道格拉斯·诺斯等人在《秩序、无序和经济变化:拉美对北美》一文中认为,政治秩序是经济增长的必要基础,界定了政治秩序和政治无序并描述了各自的特征。政治秩序不会自动生成,政治秩序是需要用心建设的公共物品。[1] 要实现政治秩序,首先要使政治制度界定和保障公民的权利,这些权利和自由不能仅仅存在于理论中,要实实在在地存在于政治规范,即要有一套共享信念体系。国家的政治制度必须要体现出国家是否可以做出可信的承诺。而政治失序正好与此相反。这本书着重探讨了政治秩序的要素:一是公民之中必须有足够的共识,认为其所在国家政治制度是令人满意的并且愿意生活在这些制度之下。二是必须要减少政治决策所带来的风险。要有这样一些制度安排,要使拥有权力的人在选举失败后必须放弃权力,并要限制权力之外的人诉诸法律之外的途径进行政治变革。三是政治秩序的提供需要国家建立可信承诺和维护公民权利的多样性,确保公民拥有相应的政治安全而免受政治机会主义的侵害。[2]

斯蒂芬·哈勃等人认为,当政治体系的连续性无法得到维持时,它就是不稳定的。通常人们通过参与政治体系的途径来实现利益,当该途径并非有效时,人们就会求助于体系之外的途径来实现利益。如果政府不能应对这种挑战,政治不稳定就产生了。他将政治不稳定分为两种类型,即弱不稳定和强不稳定,并认为强不稳定会改变现有政

---

[1] 布鲁斯·梅斯奎塔等著,叶娟丽等译:《繁荣的治理之道》,北京:中国人民大学出版社,2007年版,第18—19页。

[2] 同[1],第55—56页。

治体系并破坏政治演进的连续性。那么政治稳定需要哪些条件呢？如果民众认同选举机制等政治体系，如果规定政治体系的制度安排是自我实施的，那么政治体系就可以始终保持稳定，权威也会得以延续。个体必须认识到他们的利益在于维护某一特定的政治体系，而不是其他体系，对个体而言，政治体系不管是处于自身调整的制度变迁还是外部环境的威胁发生的制度变迁，个体都要能够适应预期的和现实的变迁。①

此外，还存在以经济学视角来研究经济增长和社会政治秩序之间的关系。美国著名经济学家曼库尔·奥尔森撰文指出，迅速的经济增长会产生不利于稳定的一系列后果：一是瓦解传统的社会群体（家族、阶级、种姓），而增加落魄者及处境困难而容易参加革命抗议活动的人的数量。产生一些不完全适应和同化于既存秩序的暴发户，他们要求与新的经济地位相适应的政治权力和社会地位。二是增加人口在地理上的流动性，破坏了原有的社会纽带，特别是刺激人们从农村向城市移居，从而带来离异情绪和政治极端主义。三是使更多的人生活水平下降，从而扩大了贫富间的差距。四是增加一些人收入的绝对数量，却不能相对地保证他们收入增长幅度的一致，因此增加了人们对现存制度的不满。五是要求对消费进行一般性的限制，以促进投资，结果引起公众不满。六是提高识字率和教育水平，增加了传播媒介对民众的影响，这使人们期望的增长超过了满足这些期望的能力。七是加剧地区间和种族间在投资的分配以及消费问题上的冲突。八是增加群体组织的能量，以及群体强迫政府满足其需求的力量，而政府却不具备满足其要求的能力。

---

① 布鲁斯·梅斯奎塔等著，叶娟丽等译：《繁荣的治理之道》，北京：中国人民大学出版社，2007年版，第121—124页。

第三节 选举制度与政治稳定的内在机理

前文已提到,根据西方学者研究一国政治稳定的视角和侧重点,可以大致分为以下几个流派:以塞缪尔·亨廷顿为代表的比较历史学派,以戴维·伊斯顿和加布里埃尔·阿尔蒙德等为代表的政治系统和结构功能学派,以泰德·格尔等为代表的社会心理学派,以及20世纪80年代后期发展起来的新制度主义政治学派。① 中国大部分学者关于政治稳定的研究,围绕秩序性和继承性,分别从社会分层、政党理论、政治制度、经济和社会转型期等角度展开研究。

选举制度既是政治制度,同时也是包括所有与选举行为和后果相关的法律制度。西方主流派理论认为,实施自由选举对推动民主政治发展具有两重作用。其一,代表性。选举制度作为宪法规定的政治程序,提供了政府权力产生的核心,这是其最主要的功能。"民主政治下,想获得决策权的人要在人民的选举中通过竞争而产生。"② 其二,竞争性。选举制度能推动多党制的建立,推动政治竞争的产生。"竞争是民主政治的本质"。③ 总之,选举制度对政治制度的安排及具体运作,以及一国政治稳定都会产生重要影响。选举制度已经被认为是影响政治体系最为强大的政治工具。④

政治制度化是政治稳定的重要保障。选举制度是政治制度影响政治稳定的一个重要方面。下面将运用亨廷顿的理论,探讨选举制度对转型国家政治稳定的两个基本要素——秩序性和继承性的影响。

---

① 张弘:《转型国家的政治稳定研究:对乌克兰危机的理论思考》,北京:社会科学文献出版社,2016年版,第51页。
② 约瑟夫·熊彼特著,绛枫译:《资本主义、社会主义和民主》,北京:商务印书馆,1979年版,第337页。
③ 同②,第410页。
④ Arend Lijphant, "The Alternative Vote: A Realistic Alternative for South Africa?", *Politikon: South African Journal of Political Studies*, No. 18, 1991, pp. 91–101.

从秩序性来说，亨廷顿认为，对于转型国家来说，首要的问题不是自由，而是建立一个合法的公共秩序。① 在这一过程中，与国情相适应的政党体系作用不可忽视，是关系政治稳定的重要因素。而选举制度是影响政党体系形成的最直接、最有力的制度性因素。以选举制度与政党体系的关系来说，"选举权的普及和选举制度的建设这一复杂多变的过程，既是政党制度形成的结果，也是其原因。"② 选举规则对于决定何种政党格局发挥着重要作用。在选票既定的情况下，不同的选举制度会改变议会代表的构成。同时，选举制度对政治家还有一个独特的吸引力就是制度设计的可能性。"与政治文化和宪法中严格规定的制度相比，选举规则是最容易接受制度设计的。"③ 在代议民主下，政治家制定了那些他们如何被选举出来的规则，且在制定过程中，会将自己当选的可能性最大化。

著名的"迪韦尔热定律"就选举规则对政党体系的影响进行了更具体化的阐述，概括为三点：一是相对多数决制易产生两党制格局；二是多数决制不利于小党生存；三是比例代表制能促进多党制。迪韦尔热在其著作《政党：在现代国家中的组织与行为》中就选举制度对政党制度类型的影响做了详细的阐述。

但随着研究的深入，部分学者发现，这一定律并不广泛适用于所有代议制国家，只适用于美、英等两党制国家和欧洲一些长期就是多党制的国家④。因此，一些学者不断完善这一定律。比如，美国学者奈托和考克斯就政党数量决定性因素提出两种看法。一种观点认为，主要政党数量取决于一国社会分层结构；另一种观点认为，政党的有效数量则决定于以选举制度为核心的政治制度。综合这两种观点来看，

---

① 塞缪尔·亨廷顿著,王冠华、刘为译:《变化社会中的政治秩序》,上海:上海人民出版社,2008年版,第6页。
② 罗伯特·戈定、卡尔斯·波瓦克斯、苏珊·斯托克斯著,唐士其等译:《牛津比较政治学手册》,北京:人民出版社,2016年版,第533页。
③ 同②,第672页。
④ 何俊志:《选举政治学》,上海:复旦大学出版社,2009年版,第248页。

一国政党的数量是该国社会分层结构和选举制度相互作用的结果。① 其过程主要包括三个阶段：将社会结构分化为对政党的偏好；将这种偏好转为选票；将选票转化为议席。

继承性也就是指政权或者政治体制的连续性。选举制度的首要功能是构成代议民主体制的合法性和正当性渠道，但选举制度对于促进现代国家政治治理作用也不言而喻。随着普选权的广泛确立，政府治理的质量决定了政权的连续性。政治学家弗拉西斯·福山曾认为，对于政府而言，仅有民选是不够的。全球民主国家的合法性不是取决于民主体制的深化，而是取决于政府是否可以提高质量治理的能力。② 作为制衡机制，选举制度发挥着监督和督促政府对公民负责的作用，为公民提供了一个利益表达的制度化渠道。"选举既是选择也是评价，对当政者回溯式评价。"③ 选举制度的监督功能会在一定程度上提高政府决策的民主性与科学性水平，从而化解当权者与民众之间的矛盾，有利于社会稳定。

同时，选举制度还起到制度化和规范化政治参与的作用。政治参与是指公民自愿地通过各种合法方式参与社会政治过程，并以直接或间接的方式影响政治决策的行为。④ 政治参与将社会成员与政治体系联系起来，为社会成员表达其自身利益提供了一个平台，有利于预防和化解各种冲突和矛盾，但无序的政治参与也有可能危及稳定和谐。选举制度则是通过程序化的民意表达，过滤了激进的政治要求和方案，使得政治过程中的连续性得到保证。另一方面，选举制度为政治反对派的活动提供了一个约束性的框架，或者说是提供了参与国家政治生

---

① Octivio Amorim Neto and Gary W. Cox, "Electoral Institutions, Social Cleavages, and the number of Parties", *American Journal of Political Science*, Vol. 41, No. 1, pp. 149-174.

② Francis Fukuyama, "Why Is Democracy Performing So Poorly?", *Journal of Democracy*, Vol. 26, No. 1, 2015, pp. 11-20.

③ 罗伯特·戈定、卡尔斯·波瓦克斯、苏珊·斯托克斯著，唐士其等译：《牛津比较政治学手册》，北京：人民出版社，2016年版，第673页。

④ 周光辉：《当代中国政治发展的十大趋势》，载《政治学研究》，1998年第1期，第29—42页。

活的机会，而不必从事激进的甚或敌对性质的政治活动，进一步限制了政治风险。

此外，选举是民众以政治动员的方式集中表达自己的国家认同的过程，而选举的定期举行实际上也是为了持续激活民众的国民认同，以及强化民众与国家之间的纽带。[①] 选举制度具有稳固和提高社会民众政治认同的作用，自然是有利于政治稳定，毕竟"政治稳定是政治认同的特定结果"[②]。

总之，选举制度的功能不仅仅局限于是代议制民主体制正当性的基石，它还具备其他政治功能，在维护现代国家政治稳定方面亦发挥着不可或缺的作用。在俄罗斯政治转型进程中，政治稳定逐渐成为其国家发展的首要目标。在"主权民主"理念的框架下，俄罗斯对政党、议会、选举、联邦制度进行不断调整和完善，最终实现以强大的制度保障了政权及国家稳定。在这一进程中，俄罗斯国家杜马选举体系的逐步制度化，充分体现了选举制度对于有序政党政治及可控政治体制建立的重要性。

第四节　国内外相关研究现状及文献综述

国内外学者对于俄罗斯国家选举制度的专业性研究并不多，特别是通过国家选举制度的变化来观察俄罗斯政治发展的研究更是相对薄弱一些，系统性不足，分散性比较强。

一、国内研究现状

国内对于俄罗斯选举制度的研究分为俄国时期、苏联时期和当代俄罗斯时期。

---

① 汪仕凯：《选举制度与现代国家：一个比较分析》，载《理论探讨》，2018年第3期，第33—39页。
② 方旭光：《政治认同的逻辑》，北京：中国社会科学出版社，2018年版，第180页。

第一，对俄国时期选举制度的研究，主要涉及亚历山大二世地方自治选举以及尼古拉二世时期的国家杜马选举制度，分散于对19世纪末和20世纪初俄国开展的自上而下改革的研究论述中。这类研究认为，上述两类选举的举行皆出于沙皇稳固政权之目的，间接地对俄国现代化产生了一定影响，但由于俄国历史文化传统，加之沙皇的个人因素，选举对俄国政治民主化作用有限。曹维安先生在其著作《俄国史新论——影响俄国历史发展的基本问题》中指出，亚历山大二世改革虽然开启了俄国现代化进程，但贯穿于俄国史始终的沙皇制度、东正教、农奴制度以及村社等历史传统因子已深深扎根于俄罗斯国家与社会生活中，这决定了俄罗斯现代化必经曲折。[①] 王云龙的《现代化特殊性道路——沙皇俄国最后60年社会转型历史解析》一书对沙皇俄国末期的改革进行了深入研究，认为沙皇俄国在革命洪流中的垂死挣扎，恰恰反映出俄罗斯国情的特殊性决定了其现代化道路漫长而曲折。[②]《改革与革命——俄国现代化研究》及《近代俄国立宪运动源流》这两本著作也对尼古拉二世改革及影响进行了深刻的剖析。[③] 赵士国《俄国政体与官制史》及许金秋的博士论文《俄国国家机构和官员制度（19世纪末—20世纪初）》，则部分涵盖了俄国末期国家杜马的选举、构成及职能。[④]

第二，对苏联时期选举制度的研究，关于苏联干部制度及官职等级名录制度的著述及学术论文较多，其中也涉及苏联领导干部的选拔及选举问题。研究认为，随着苏共执政党地位的完全建立，干部任命终身制事实上完全取代了形式上的民主选举制。戈尔巴乔夫改革时期，

---

① 曹维安：《俄国史新论——影响俄国历史发展的基本问题》，北京：中国社会科学出版社，2002年版。
② 王云龙：《现代化的特殊性道路：沙皇俄国最后60年社会转型历程解析》，北京：商务印书馆，2004年版。
③ 刘祖熙：《改革和革命——俄国现代化研究》，北京：北京大学出版社，2001年版。姚海：《近代俄国立宪运动源流》，成都：四川大学出版社，1996年版。
④ 赵士国：《俄国政体与管制史》，长沙：湖南师范大学出版社，1998年版。许金秋：《俄国国家机构和官员制度（19世纪末—20世纪初）》，吉林大学博士论文，2008年4月。

苏联选举制度取得历史性突破，等额选举被差额选举所取代，并按这一原则产生了第一届人民代表大会。刘克明、金挥所著的《苏联政治经济体制七十年》对苏联各个时期的领导干部选拔任用的规则、问题进行了资料分析。书中认为，在高度中央集权的政治体制下，苏联的选举通常是"照章办事"，上面规定候选人，然后进行选举。实际上是上级党组织指定候选人进行等额选举。这种缺乏民主选举的干部制度对苏共亡党亡国起到了推波助澜的作用。但该书也指出，戈尔巴乔夫时期，苏联政府对选举制度进行了一系列改革，苏联第一届人民代表大会的规模和民主程度在苏联历史上都是空前的。① 冯佩成也在其博士论文《苏联干部制度的形成、发展与影响》中认为，干部制度是苏联政治制度的重要组成部分，其选拔制度的变化给苏联政治发展带来极大的负面影响。民主选举原则被干部任命制所取代，并逐步发展成官职等级名录制，后者的本质在于，苏共掌控着国家各个领域干部的任命。②《苏联兴亡史纲》一书对苏联官职等级名录制也进行了历史、客观的考察和分析。③

第三，对当代俄罗斯选举制度的研究，主要是对中央选举制度的论述。刘向文、宋雅芳的著作《俄罗斯联邦宪政制度》，邢广程、潘德礼和李雅君所著《俄罗斯议会》皆对叶利钦时期俄罗斯总统选举制度、议会选举制度进行了较详细地阐述。④ 关于普京时期的选举制度更多的是散见于关于某一届俄罗斯总统选举、国家杜马选举以及政党制度的研究中。如官晓萌 2018 年发表在《俄罗斯东欧中亚研究》杂志上的《当代俄罗斯总统选举制度研究》中，对俄罗斯总统选举制度的确立与发展、主要选举程序及内容，特别是通过对 2018 年总统选举法变化的分析，认为俄罗斯总统选举制度的演变与当代俄罗斯政治发展轨迹一

---

① 刘克明、金挥:《苏联政治经济体制七十年》,北京:中国社会科学出版社,1990 年版。
② 冯佩成:《苏联干部制度的形成、发展与影响》,华东师范大学博士论文,2006 年 5 月。
③ 陈之骅、吴恩远、马龙闪:《苏联兴亡史纲》,北京:中国社会科学出版社,2004 年版。
④ 刘向文、宋雅芳:《俄罗斯联邦宪政制度》,北京:法律出版社,1999 年版。邢广程、潘德礼、李雅君:《俄罗斯议会》,北京:华夏出版社,2002 年版。

致，俄罗斯政治格局由独立初期的政治力量"一盘散沙"转变为以亲政权力量为核心的相对规范的多党格局，但这种格局较为僵硬，政治竞争性不强。① 国内学者对普京时期国家杜马选举及选举制度的研究涉及得更多一些，大部分都是通过研究某一届国家杜马选举及相关选举法的变化，剖析俄罗斯政党政治的发展，继而探讨政治控制与社会稳定的关系。如庞大鹏的文章《俄罗斯的政治稳定：社会基础与制度保障》，通过论述第七届杜马选举特点及对国家杜马代表选举法的详细解读，揭示了普京政权表面放开竞争，实则加强政治控制的本质，即以制度保障选举，保障政权的合法性，保障政治稳定。② 总之，上述研究得出的结论是当代俄罗斯选举制度的建立及完善一定程度上推动了俄罗斯政党制度的发展。同时，在俄罗斯选举制度的不断修订过程中，虽然增加了一些增强政治竞争性的条款，但同时也补充了更多的限制性条款，所以在实际的选举中，以右翼为主的反对派不仅未进入政治核心圈，反而上升的空间被进一步压缩，这也契合俄罗斯执政当局维稳的政治目标。

二、国外研究现状

（一）俄罗斯对该问题的研究

俄罗斯国内对于本国选举制度系统性研究专著或文章也比较分散。关于俄国时期的选举制度，都散见于对19世纪末到20世纪初的沙皇俄国政治发展研究中，包括国家机构和官员制度、亚历山大二世的大改革、尼古拉时期的四届国家杜马等。如 H. 叶罗什金《俄国国家机构史》、B. 列奥托维奇《俄罗斯自由化历史》、O. 马雷舍娃的《1905—1917年君主制下的俄国杜马选举体系与实践》、B. 杰明《俄罗斯国家

---

① 官晓萌：《当代俄罗斯总统选举制度研究》，载《俄罗斯东欧中亚研究》，2018年第5期。

② 庞大鹏：《俄罗斯的政治稳定：社会基础与制度保障》，载《俄罗斯研究》，2017年第1期。

杜马（1906—1917年）：功能机制》等。① 其中，《1905—1917年君主制下的俄国杜马选举体系与实践》一书基于大量的历史材料，着重论述了20世纪初俄罗斯帝国选举制度的起源和形成、选举立法的特点及实践、政党参与情况及社会情绪等。《俄罗斯国家杜马（1906—1917年）：功能机制》则对国家杜马在俄国最高国家机构体系中的地位与作用，以及议员组成及选举等等都作了详细的阐述。同时，俄罗斯国内对俄国时期选举制度的有限研究最终都指向俄国现代化与俄国命运等问题，认为俄国末期四届杜马的成立是沙皇无奈之举，目的在于制止革命。国家杜马虽然采取了西方资产阶级议会的形式，但俄国的立法权仍掌握在沙皇政府手中，国家杜马并不完全具备代议功能，它的建立并不代表着俄国君主立宪成功，也并未动摇沙皇专制主义制度的根基。

俄罗斯学术界对苏联时期干部制度的研究重心主要放在苏联官职等级名录制上。如以米·沃斯连斯基《官职等级名录制官员——苏联的统治阶级》为代表的一系列著作清晰地考察和分析官职等级名录制的演变过程，对苏联国家权力结构及其运行机制进行了独到的分析。② 科尔任辛娜和费卡特涅尔的论文《苏联的官职等级名录制：形成与运行机制》，研究了官职等级名录制产生的历史条件、演变过程、运行机制及本质，深入分析了这一制度对苏联政治发展造成的消极影响。③

对当代俄罗斯中央选举制度的研究，则大多都是从法学这个角度来阐述其内容、原则等。通过选举制度的演变透视俄罗斯独立以来政治及民主发展进程涉猎不多，归纳有以下三个代表性观点。

---

① Ерошкин Н. П., *История государственных учреждений дореволюционной России*, М.：РГГУ, 2008. Леонтович В., *История лидерализма в России*, М.：Мысль, 1995. Малышева О. Г., *Избирательная система и практика России в период думской монархии (1905-1917)*, М.：Квадрига, 2018. Демин В. А, *Государственная дума России (1906-1917)：механизм функциоиорования*, М.：РОССПЭН, 1996.

② Восленский М., *Номенклатура: господствующий класс советского союз*, Москва, 1991.

③ Коржихина Т. П., Фигантре Ю. Ю., "Советская номенклатура: становление, механизмы действия", *Вопросы истории*, номер 7, 1993.

第一，对于俄罗斯这样一个年轻的民主国家而言，选举制度对于权力机构的建立、政党制度的形成以及社会的稳定具有重要意义。俄罗斯政治信息技术中心第一副主任马卡连科的《政治体制演变背景下的俄罗斯选举制度》，对1991—2006年期间俄罗斯选举制度（主要是议会选举制度）的形成、发展、作用及存在的问题都一一作了阐述。作者认为，20世纪90年代，在议会与总统几近并驾齐驱时，混合比例选举制有效缓解了政治对抗，使俄罗斯度过了动荡不安的一段时期。进入21世纪后，比例选举制取代混合选举制，其优势在于为"精英妥协"开辟了道路，这对于初期民主国家尤为重要。①

第二，俄罗斯选举制度的构建是为执政者服务的。以俄罗斯选举法社会研究所所长伊·巴利索夫（著作：《民主伽玛——俄罗斯联邦现代选举制度》）为代表的学者认为，当权者完全有能力构建各种选举制度模式以达到维护自己统治的目的。② 还有研究认为，选举制度曾被用来促进国家民主转型，现已转变为威权主义的重要支柱。政治学家卡罗索夫在《俄罗斯选举制度发展中的威权主义》中认为，每届俄罗斯总统选举或议会选举前对选举法的修订都是为了减少政权更替的风险。③

第三，当代俄罗斯选举制度对推动该国民主发展作用有限。莫斯科国立地方大学政治学系主任罗曼·阿列克塞耶夫在其著作《作为构建与发展俄罗斯民主的因素——选举制度》中通过对俄罗斯选举制度的形成与实践的研究，就选举制度推动俄罗斯民主发展的作用提出了质疑。④ 俄罗斯著名政治学家安德兰尼克·米格拉尼扬在其代表作《俄

---

① Макаренка Б. К., "Российская избирательная система в контексте эволюции политического режима", *Pro et Contra*, номер 1, 2006.

② Борисов И. Б., *Гамма демократии. Современная избирательная система Российской Федерации*, М.: Европа, 2007.

③ Golosov. G. V., "Authoritarian Learning in the Development of Russia's Electoral System", *Russian Politics*, No. 2, 2017.

④ Алексеев Р. А., *Избирательная система как фактор становления и развития российской демократии*, М.: Инфра-М, 2019.

罗斯现代化与公民社会》中认为,俄罗斯不存在选举传统。选举作为民主制度与俄罗斯的整个社会文化传统、价值观相矛盾。他认为,"在俄国的传统中,从一开始就形成了政权完全脱离社会而独立的状况。政权无论如何也不想受制于人民的意愿,因为在人民的意愿中毕竟有可能出现各种意外的情况。政权亵渎选举程序本身,把选举程序的精髓阉割掉,它保留选举权仅仅是为了对外界保持体面。"①

(二) 西方对该问题的研究

西方学者大多是从制度设计这个角度来出发,研究俄罗斯选举制度与俄罗斯民主政治的关系,普遍认为俄罗斯选举制度并未发挥它应有的作用,即在竞争选举的条件下,将选民的偏好转化为选票,继而将选票转换为议席的制度结构和规则体系。② 沙拉·伯奇所著的《后共产主义欧洲的选举制度与政治转型》一书,理论阐释了选举制度演变与政治变革之间的多重联系。通过对 1989—1991 年中欧和东欧共产主义国家选举制度改革的研究,得出选举制度设计对后共产主义国家发展具有重大影响的结论。③ 拜伦·莫拉斯基《俄罗斯地方与共和国选举制度设计:四个案例比较》一文用比较研究方法,具体研究了俄罗斯中央政权和地方政府对地方议会选举制度的选择和设计,得出俄罗斯民主政治转型缓慢这一特点。④ 美国印第安纳大学政治学教授斯姆斯·瑞吉娜的《俄罗斯联邦的候选人战略和选举竞争:没有基础的民主》,通过模型、统计数据、访谈等分析,揭示了俄罗斯选举体系是如何维护执政者利益的。瑞吉娜认为,进入 21 世纪后,俄罗斯非竞争性选举

---

① 安德兰尼克·米格拉尼扬著,徐葵等译:《俄罗斯现代化与公民社会》,北京:新华出版社,2003 年版,第 154 页。
② 何俊志:《选举政治学》,上海:复旦大学出版社,2009 年版,第 118 页。
③ Sarah Birch, *Electoral Systems and Political Transformation in Post-Communist Europe*, London: Palgrave Macmillan, 2003.
④ Bryon Moraski, "Electoral System Design in Russian Oblasti and Republics: A Four Case Comparison", *Europe-Asia Studies*, Vol. 55, No. 3, 2003.

表明了民主在这个国家中的倒退。① 欧俄研究中心在2011年推出了一份关于俄罗斯选举体系的研究报告,认为自独立至今,俄罗斯并未实现多元民主。执政当局操纵选举制度以维持现状,在其全力支持下,统一俄罗斯党成为占主导地位的政党,其主要作用就是保障俄政权的合法性。②

---

① Regina Smyth, *Candidate Strategies and Electoral Competition in the Russian Federation: Democracy Without Foundation*, Cambridge: Cambridge University Press, 2006.
② The EU - Russia Center, "The Electoral System of the Russian Federation", http://www.files.ethz.ch/isn/143427/Review17.pdf.

第一章 俄罗斯国家政治制度的确立与完善

俄罗斯独立以后,通过政治斗争甚至流血的方式,建立了以总统为核心的三权分立制度,同时也走上了一条暴风骤雨般的西化之路。20世纪90年代政治转型的跌宕起伏,令俄罗斯反思纯西方式民主政治制度在俄罗斯的水土不服,并开始逐渐改革和建立起符合本国国情的政治制度。经过普京20年的治理,俄罗斯超级总统制得到加强,基本实现了政治稳定。

第一节 府院之争:俄罗斯总统制的建立

苏联后期戈尔巴乔夫发起政治体制改革,开启了俄罗斯政治转型的序幕。苏联解体后,俄罗斯独立,在独立的最初几年内,俄罗斯以激进的方式完成了由旧体制向新体制的过渡,并建立起了以总统制为核心的西方民主政治制度。

一、戈尔巴乔夫的政治体制改革

1985年3月11日,戈尔巴乔夫当选为苏共中央总书记。面对苏联发展颓势,戈尔巴乔夫提出"改革与新思维"理念,开始对苏联政治、经济与社会进行全面改革。戈尔巴乔夫改革的原因与苏联后期面临的严峻国内国际形势有关，主要是：

第一，在政治上，苏联高度集权下衍生的干部任命制与领导职务终身制，导致干部更新停滞，并逐步形成了庞大的既得利益集团。苏联后期，官僚主义盛行，形成高高在上的"在册权贵"阶层，他们只关心自己的特权，抗拒任何改革；民主集中制遭到严重破坏，监督机制形同虚设，权大于法，存在滥用权力、腐败严重等问题。

第二，在经济上，20世纪70年代中期以后，苏联经济发展陷入长期的停滞状态，传统的粗放型经济依靠对资源开发和限制消费而取得经济增长再也无法持续下去，经济发展动力衰减，迫切需要改革。苏联在1957年、1965年、1973年和1979年先后多次进行过改革尝试，但每次都"无疾而终"。其根本原因是当时苏联从上到下都认为，与西方相比，苏联的经济模式是"最优越"的。但实践证明，苏联在20世纪30年代历史条件下形成的现代经济体制已不适应生产力的发展，已跟不上世界技术革命的发展趋势。

第三，在社会问题上，苏联官僚体制导致苏共逐步失去执政的群众基础。1987年，在戈尔巴乔夫刚刚提倡实行社会变革后，苏联科学院一项有关苏共性质的调查显示：在被调查者中认为苏共代表工人利益的占4%；认为代表全体人民利益的占7%；认为代表全体党员利益的占11%；而认为仅仅代表党的官僚、干部和机关工作人员的，竟高达85%。[1]

第四，在对外关系上，苏联始终认为自身处于资本主义包围之中，应时刻准备军事斗争。在该思想指导下，国内经济军事化严重，经济结构扭曲，加深了人们的不满。对外，苏联不断拓展所谓安全"缓冲区"，大搞霸权主义，并同美国在整个冷战后期为争夺世界霸权进行了长期的军备竞赛，苏联当时的军费开支曾达到了国民收入的四分之一，这不仅使苏联背负了沉重的经济负担，而且也使其更为孤立。20世纪

---

[1] 黄苇町：《苏共亡党二十年祭》，南昌：江西高校出版社，2013年版，第156页。

80年代初,由于无力再与以美国为首的西方国家竞争,苏联政府被迫放弃了与美国的军备竞赛计划,苏联的外交政策也亟待发生改变。

戈尔巴乔夫上任之时,除了对民族问题认识不足外,实际上他看到了苏联社会存在的上述种种危机,下定决心进行政治经济改革,打破国家的官僚体制。1986年,戈尔巴乔夫首先提出了以科技进步和对社会生产力进行根本改革为主要手段的"加速国家发展战略",试图用经济手段改良苏联社会,改变国家官僚体制。但由于部分政策失误以及党内部分官僚阻挠,这一改革措施并未成功,于是戈尔巴乔夫将改革重心转移到政治体制改革。

1988年,在苏共第十九次全国代表会议上,戈尔巴乔夫提出了改革苏联的政治体制的目标,要将竞争机制引入政治领域,以革新国家的权力结构。会议还通过一项决议,决定把"一切权力归还苏维埃",成立由全民选举产生的国家最高权力机关——苏联人民代表大会,由人民代表大会选举组成最高苏维埃作为人民代表大会的常设机关。第一届苏联人民代表大会后,苏共党内的"激进民主派"联合其他"非正式组织",利用舆论宣传和街头斗争方式,呼吁苏共领导人"放弃一党制、允许多党制、苏共中央应该取消苏联宪法中保障苏共领导地位的第六条[①]"等政治要求。

在此背景下,1990年2月5日召开的苏共中央扩大会议上,戈尔巴乔夫提出取消国家宪法中关于规定苏联共产党在国家权力体系享有绝对领导地位的第六条,同时改国家体制为总统制。1990年3月12—15日,第三届苏联人民代表大会在莫斯科召开。根据苏共中央扩大会

[①] 1977年苏联宪法第六条的主要内容为:"苏联共产党是苏维埃社会的领导和指导力量,是苏联社会政治制度、国家和社会组织的核心。苏联共产党之存在是为了人民,是为人民服务的。""以马克思列宁主义武装起来的苏联共产党决定着社会发展的总的前景,决定着苏联的对外、对内政策,领导着苏联人民的伟大的创造性活动,使她为争取共产主义胜利的斗争具有按计划的有科学根据的特点。""党的一切组织都在苏联宪法的范围内行动。"

议的决议，大会通过了《关于设立苏联总统职位和苏联宪法修正和补充》①等一系列历史性决议，决定设立总统职位并举行总统大选；删去1977年制定的苏联宪法第六条，改为："苏共和其他政党及工会、共青团等社会组织通过被选为人民代表、苏维埃代表及其他形式，参与制定苏维埃国家的政策、管理国家和社会事务。所有政治力量、社会团体和群众运动在宪法和苏联法律的范围内活动。"1990年3月14日，苏共中央委员会召开全体会议，宣布苏联将实行总统制，但总统只是虚职，国家"第一人"应是最高苏维埃主席。会议还提名戈尔巴乔夫为总统候选人。第三届苏联人民代表大会举行了总统选举，戈尔巴乔夫获得1329票，得票率59.2%，当选为苏联第一任总统。

随着苏联加盟共和国独立浪潮的袭来，苏联政治局势不稳。为稳定国家局势，确保向市场经济过渡，1990年9月24日，苏联最高苏维埃通过了"关于稳定国家经济和社会生活补充措施"的法令。根据此法令，在未来一年半的时间里，苏联总统不仅拥有立法权，还可以有权就财产关系、财政预算和金融体系以及加强法律和秩序等方面颁布规范性命令。1990年12月26日，第四次苏联人民代表大会通过了"关于修订苏联宪法以完善国家管理体制"的法令。该法律赋予苏联总统领导国家管理机构并与立法机构相互协作的权力，法令取消了苏联部长会议，取而代之的是对总统负责的政府内阁，设立苏联副总统职位。②上述两部法律的核心思想是加强总统权力，这样，在戈尔巴乔夫执政后期，苏联已初步形成了类似西方的"三权分立"架构，人民代表大会、最高苏维埃为立法机关，行使立法权；总统领导下的政府内阁行使执行权；最高法院、最高检察院等司法机关行使司法权。

---

① 《关于设立苏联总统职位和苏联宪法修正和补充》规定,苏联总统由苏联公民在普遍、平等和直接投票的基础上,以无记名秘密投票方式选举产生。苏联第一任总统由苏联人民代表大会选举产生,任期五年。

② Закон СССР от 26 декабря 1990 г. № 1861-I《Об изменениях и дополнениях Конституции (Основного Закона) СССР в связи с совершенствованием системы государственного управления》.

苏联宪法第六条的取消决定了苏共和苏联的命运。首先，苏共失去了宪法赋予的领导国家的地位，等于解散了苏联的政权体系，导致国家和社会陷入无政府状态。其次，新设立的苏联总统获得了至高无上的权利，苏联最高苏维埃主席团，理论上是一个集体领导机构，自此失去了应有的权力。苏联后来的选举进程，各级权力机构的选举是在新产生的政治精英、地方政治和经济精英以及主张民族独立或分裂的政治精英间进行的。失去苏共支持的戈尔巴乔夫没有能力控制这个进程，最终导致苏联解体。

当然苏联解体的原因是复杂的，绝不仅仅限于此。戈尔巴乔夫成为苏联的第一位总统，也是最后一位总统。根据宪法，苏联总统应该通过全民投票选举产生，但是，作为例外，第一任总统由人民代表选举产生。因此，戈尔巴乔夫倡导的选举制还没有得到充分实践就以苏联解体而终结了。

二、俄罗斯苏维埃联邦社会主义共和国总统制确立过程

随着苏联第一届人民代表大会的选举，苏联各加盟共和国也陆续举行了各自的地方苏维埃选举。1989 年 10 月 27 日，俄罗斯最高苏维埃批准了 1978 年宪法修正案,① 决定建立人民代表大会为国家最高立法机关，任期五年。最高苏维埃改革为常设机构，其成员由人民代表大会选举产生。宪法修正案还规定了人民代表大会的选举制度，为此，专门颁布了《俄罗斯苏维埃联邦社会主义共和国人民代表选举法》，为第一届人民代表大会选举的顺利举行提供了法律依据。1990 年 3 月 4 日，俄罗斯举行了第一届人民代表选举。1990 年 5 月 16 日—6 月 22 日，俄罗斯第一届人民代表大会召开。大会通过了《俄罗斯主权宣言》，认定俄罗斯主权凌驾于苏联之上。同时，选举鲍里斯·叶利钦为

---

① Закон РСФСР от 27 октября 1989 г. 《Об изменениях и дополнениях Конституции (Основного Закона) РСФСР》 (принят одиннадцатой сессией Верховного Совета РСФСР одиннадцатого созыва).

俄罗斯最高苏维埃主席。

1990年6月12日，俄罗斯人民代表大会通过了《俄罗斯苏维埃联邦社会主义共和国国家主权宣言》，宣布俄罗斯的国家主权在俄罗斯联邦境内高于苏联的国家主权。1990年10月12日，"旨在消除苏联制度和'埋葬'社会主义"的国家宪法草案并未获得宪法委员会通过。该草案的核心是确立俄罗斯为总统制国家。由于宪法委员会的坚决反对，俄罗斯第二届人民代表大会取消了对宪法草案的审议。以叶利钦为首的民主派非常失望，在之后的每届人民代表大会上都试图将此宪法草案列入议事日程，并借苏联总统的诞生向全俄罗斯公民宣传总统制。

1991年3月17日，俄罗斯就是否建立总统制举行全民公决，69.85%的民众投票赞成俄罗斯成为总统制国家。一个月后，俄罗斯最高苏维埃通过了总统法和总统选举法，确定了总统的地位、职能以及选举规则。这些内容还作为修订条款被写进1978年俄罗斯宪法。1991年5月24日，第四届俄罗斯人民代表大会通过了该宪法修正案，其中第13章专门就总统职权及总统选举原则作了详细规定。根据宪法及总统选举法，1991年6月12日，俄罗斯举行了该国历史上第一届总统选举，将近7500万人参加了投票，投票率为74.66%。包括最高苏维埃主席叶利钦、苏联前部长会议主席尼古拉·雷日科夫、自由民主党主席弗拉基米尔·日里诺夫斯基等在内的六名候选人参加了选举。最终鲍里斯叶利钦以57.30%的得票率获胜，当选俄罗斯总统。同年7月20日，叶利钦签署了俄罗斯国家机关非党化命令。

三、俄罗斯政体的最终建立

（一）围绕总统制的斗争

1990年7月举行的苏共第二十八次代表大会上，苏共党内的保守派、激进派和中间派围绕着党的纲领、党章修订和党的政策，各派势力展开激烈的斗争。激进派主张苏共放弃马列主义的指导思想，改建为社会民主党。由于党的纲领和党章没有满足激进派的要求，叶利钦、波波夫、索布恰克等激进民主派头面人物在会议结束后公开宣布退出苏共。二十八大后，苏联国内掀起了一股退党狂潮。中央权力的衰落诱发地方民族主义高涨，各加盟共和国陆续宣布为主权国家，其法律高于苏联法律。苏联面临着分裂的威胁。在此形势下，戈尔巴乔夫为此提出"更新联盟"的构想，即在确认各加盟国主权的基础上缔结了一个新的联盟条约——"主权国家联盟条约"。1990年11月23日，新联盟条约草案公布，供全民讨论。1991年3月17日，联盟中央就"是否保留和革新联盟"问题在全苏联范围内举行了一次全民公决，结果有76.4%的选民赞成保留联盟。

在苏共生死存亡的关键时刻，一部分试图维持原苏联国家体制的党政军领导人发动了政变。1991年8月19日晨6时，苏联副总统亚纳耶夫向全国宣布，鉴于苏联总统戈尔巴乔夫的健康状况已不能履行总统职务，根据苏联宪法，由他本人从即日起履行总统职务，同时宣布成立国家紧急状态委员会；即日起在苏联部分地区实施为期六个月的紧急状态，其间，国家全部权力移交给国家紧急状态委员会。这时部分军队已开进莫斯科，坦克包围了俄联邦最高苏维埃所在地。

"八一九"事件爆发后，苏联国内一片哗然。叶利钦指责政变是违宪行为，呼吁人民群众起来反击。各共和国领导人也纷纷发表声明，谴责政变行为，支持叶利钦。由于得不到国内人民群众的支持，又受到国内外舆论的一致谴责，政变发动者很快陷入孤立，军队也倒戈，到21日，政变失败已成定局。

"八一九"事件失败后，联盟中央在苏联社会的权威已丧失殆尽，以俄罗斯苏维埃联邦社会主义共和国为首的各加盟共和国公开蔑视联盟中央的存在。俄罗斯第五届人民代表大会非常大会通过决议，宣布苏联宪法失效，俄罗斯将进入过渡期，直到新宪法出台。1991年8月

23 日，叶利钦签署"关于停止俄罗斯苏维埃联邦社会主义共和国共产党活动"的法令，不久，苏共也被禁止活动。9 月 25 日，戈尔巴乔夫辞去苏共中央总书记职务，并建议苏共中央自行解散。叶利钦颁布命令把俄罗斯境内的联盟中央权力、财产和机构划归俄罗斯所有。各加盟共和国纷纷仿效，宣布接管联盟在其境内的财产和权力。联盟中央权力被架空，苏联这座大厦摇摇欲坠。

1991 年 12 月 8 日，俄罗斯、乌克兰和白俄罗斯三国领导人在白俄罗斯别洛韦日签署了《关于建立独立国家联合体的协议》，宣告成立独联体。从此，苏联作为国际法和地缘政治现实的主体不复存在。① 1991 年 12 月 21 日，又有八个独立共和国加入了该协议。1991 年 12 月 25 日，苏联总统戈尔巴乔夫宣布辞职。同日，俄罗斯苏维埃联邦社会主义共和国正式更名为俄罗斯联邦，简称"俄罗斯"。同一天晚上 7 时 38 分，克里姆林宫上空降下苏联红旗，升起俄罗斯三色旗，俄罗斯正式独立。

俄罗斯独立后，第一要务便是制定新宪法，建立国家政权体系。针对俄罗斯确立何种政权形式，民主派阵营发生了分裂。立法机关（人民代表大会）与行政机关（总统）之间产生了严重分歧，并出台体现各自政治主张的宪法草案。以叶利钦为领导人的行政机关希望加强总统权力，建立像美国一样的总统制国家；以最高苏维埃主席鲁斯兰·哈斯布拉托夫为首的人民代表大会（中间和左翼政党为主）则主张建立议会制国家。一些支持叶利钦政府的原民主派人士、中间派同盟者，由于在国家发展道路、政治体制、经济改革、对外政策等问题上与叶利钦政府产生分歧，也开始与其渐行渐远，而与左翼、中间、民族主义势力接近，逐渐在议会内部结成反政府同盟。此时，俄罗斯

---

① "Распад СССР"，https://w.histrf.ru/articles/article/show/raspad_sssr_n.

人民代表大会拥有比总统更大的权力。① 第八届俄罗斯人民代表大会通过决议反对举行任何关于国家体制的全民公决，对此，叶利钦发表国民讲话，表示将立即颁布解决危机秩序管理特别法，并宣布4月25日就信任总统、新宪法及人民代表大会提前选举等问题举行全民公决。3天后，俄罗斯人民代表大会非常会议召开，坚决反对叶利钦的讲话，并试图弹劾叶利钦，但最终弹劾失败，被迫同意进行全民公决。

1993年4月25日，俄罗斯再次举行全民公决，主要议题为：是否信任叶利钦总统及其社会经济政策、是否提前举行总统大选和人民代表大会选举等。公投结果显示，58.7%的投票者信任总统，53%的投票者支持叶利钦实施的社会经济政策。但后两项议题却没有获得广泛支持。总体来说，公投结果是非常有利于以叶利钦为首的总统派。借着这股东风，叶利钦立即召开750多人参加的制宪会议，人民代表大会派拒绝出席。最终制宪会议以433赞成票的绝对多数通过了以总统为核心的宪法草案，但遭到最高苏维埃强烈反对，高度质疑宪法草案的法律效力。最高苏维埃公开宣告只有人民代表大会才有权颁布新宪法。

由于宪法草案一直遭到人民代表大会及最高苏维埃的抵制，1993年9月，两派权力斗争进一步升级。9月1日，叶利钦宣布解除鲁茨科伊副总统职务。9月3日，俄罗斯议会通过决定，否决总统有关解除副总统鲁茨科伊职务的命令。9月18日，俄罗斯联邦委员会宣告成立，准备取代最高苏维埃。同日，叶利钦重新任命盖达尔为第一副总理兼经济部长。9月21日晚8时，叶利钦发表电视讲话，宣布"关于分阶段宪法改革"的第1400号令，决定解散和终止人民代表大会和最高苏维埃，同时成立新的两院制议会，并于12月11—12日举行议会选举。

---

① 根据1978年俄罗斯宪法修订版第104条，人民代表大会是俄罗斯最高权力机构，决定国家内外政策，制定及颁布宪法；选举宪法法院成员等。此外，人民代表大会能解除国家任一高层领导人。总统能任命政府首脑，在最高苏维埃的同意下解散政府。根据宪法，总统无权解散和中止俄罗斯人民代表大会和最高苏维埃。也就是说，俄罗斯并未实行总统制度，仅仅形式化地设立了总统这一国家职位，总统被置于俄罗斯人民代表大会的约束之下。

一个小时之后，最高苏维埃主席哈斯布拉托夫在苏维埃大厦（白宫）召开全体成员紧急会议，宣布叶利钦的讲话是政变。晚10时，紧急会议主席团通过一项"关于立即终止俄罗斯联邦总统鲍里斯·叶利钦的权力"的决议。同时，俄罗斯宪法法院宣布叶利钦的第1400号令违反宪法，最高苏维埃随即宣布罢免叶利钦的总统职位，并将总统执行权交予当时的副总统亚历山大·鲁茨科伊。① 从这一天开始，两派矛盾进一步升级。同日，鲁茨科伊宣布接任俄罗斯总统，并任命弗拉基斯拉夫·阿列克谢那维奇·阿恰洛夫上将为国防部长。9月22日，哈斯布拉托夫号召举行全国总罢工。

9月22日—10月3日，双方围绕着封锁与反封锁白宫展开了武装斗争。10月3日，最高苏维埃的支持者最先冲破了军警在白宫的层层包围圈，另一批支持者则占领了莫斯科市政府大楼和广播公司。哈斯布拉托夫还要求支持者占领克里姆林宫，把叶利钦赶下台。但由于哈斯布拉托夫和鲁茨科伊两人没有掌握军队，而叶利钦握有兵权，后者下令，让内务部队向白宫进攻，俄罗斯军队坦克等重武器迅速向白宫开火。没过多久，白宫宣布向叶利钦投降，哈斯布拉托夫与鲁茨科伊被捕。此次流血冲突事件，史称"十月事件"。

两个月后，1993年12月12日，俄罗斯举行国家杜马选举，第一届国家杜马诞生。根据选举结果，具有民族主义倾向的俄罗斯自由民主党和左翼政党代表俄罗斯联邦共产党（以下简称"俄联邦共产党"），以及受到政府支持的俄罗斯民主选择竞选联盟等八个政党进入杜马。当天，还就制宪会议通过的新宪法草案举行全民公决，新宪法草案获得了58.4%的支持率，顺利过关。国家杜马的产生和新宪法的通过，标志着俄罗斯权力结构框架基本形成和政治过渡时期的结束，具有重要意义。首先，1993年宪法确立了俄罗斯总统制，结束了执行权力机关和立法权力机关的争斗。其次，反对派俄联邦共产党参加国

---

① "История института президентства в России", https://tass.ru/info/4820162.

家杜马选举在某种意义上意味着街头斗争将让位给议会内部的辩论和博弈,这对稳定社会局势具有积极意义。最后,1993年宪法的通过和国家杜马的建立意味着重大经济和社会政策问题将通过法律手段解决。虽然国家杜马的权限有限,不能监督政府,但是在立法层面可以制约执政当局。

(二) 1993年宪法对俄罗斯政治体制的规定

1993年宪法取消了苏联时期宪法中有关"社会主义"的提法及其立法原则,代之以西方民主政治的基本原则。主要内容包括:

第一,更改国名。把国名改为"俄罗斯联邦",删去国名中"苏维埃""社会主义"两个定语,并删去宪法中包含的所有"列宁""十月革命""苏维埃""社会主义"等字眼。

第二,确认国家阶级性质的原则。以人民主权、联邦制、共和制、分权为基础,确定:"俄罗斯联邦是共和制的民主联邦法治国家""俄罗斯联邦的多民族人民是俄罗斯联邦主权的拥有者和权力的唯一源泉"。

第三,确认人和公民法律地位的原则。人的权利和自由具有至高无上的价值,个人尊严受国家保护。国家和公民相互承担责任原则,联邦国籍依据联邦法律取得或丧失原则。

第四,规定权力和法之间关系的原则。包括法制国家原则,联邦宪法和法律至高无上原则,联邦宪法具有直接效力原则,未正式公布的法律不得执行原则,联邦国际条约的规则高于联邦法律原则。

第五,确立了国家结构形式原则。包括联邦制原则,联邦主体多样性原则,联邦国家完整、国家权力体系统一、联邦和联邦主体分权等联邦结构建立的原则,仅联邦为主权国家原则。提出恢复主权国家体制。联邦主体权力,不管如何称呼,共和国、边疆区、州、自治州,地位一律平等,与中央的关系由宪法和此前签署的有关权力划分的条约来确定。在联邦内,联邦法律高于一切,人员、商品、服务和资金可以自由流动，"'恢复俄罗斯的主权国家体制'是制定宪法的目的之一"。在第一章中宣布，"俄罗斯联邦的主权适用其全部领土"，其第四章规定，俄罗斯联邦总统是俄罗斯联邦武装力量最高统帅等。

第六，建立了社会经济制度类型原则。确立了私有制，宪法规定，私有权受到法律保护，每个人都有权拥有私有财产，有权单独或与他人共同掌管、使用和支配这些财产；对私有制、国家所有制以及其他所有制形式予以同样的承认和保护。

第七，规范权力机关模式原则。取消议行合一的苏维埃国家权力机关体制，确立了以总统为核心的三权分立的权力平衡和制约机制。宪法明确规定俄罗斯联邦实行总统制，总统由民选直接产生。总统是国家元首，是宪法和人民权利与自由的保证。俄罗斯联邦会议是俄罗斯联邦的代表与立法机关，由联邦委员会和国家杜马两院组成。新宪法承认意识形态多样性，承认政治多元化和多党制原则。强调任何一种意识形态均不得被规定为国家的或必须遵循的意识形态，任何一个政党在法律面前一律平等。俄罗斯联邦政府行使执行权力，境内的审判权由法院行使。确立了定期的自由选举制度，选民通过选票选举国家最高领导人和各级主要领导人的制度得以遵守，国家最高权力和转移是通过选举机制来完成。公民有选举权和被选举权，有权竞选公共职位。

第八，赋予总统极大的权限。宪法规定，俄罗斯总统由选民直接选举产生，是国家元首，是俄罗斯宪法、人和公民的权利与自由的保障，总统权力不可侵犯，总统是国家武装力量最高统帅，掌握国防、外交、内务、安全等核心部门；有权任命和罢免政府总理；有权否决国家杜马的决议、解散国家杜马并决定重新选举。俄罗斯总统不兼任政府首脑，但政府总理及其他成员由总统按法定程序任免，政府会议也可以由总统主持。政府活动实际上由总统控制。但是，国家杜马无权以通过不信任案为手段追究总统责任，它只有权以通过不信任案为手段追究政府责任。在国家杜马对政府表示不信任后，总统可以宣部辞职或按法定程序解散国家杜马。与此同时，弹劾俄罗斯总统的难度却极大，只有总统犯有叛国罪或其他严重罪行时，国家杜马（至少三分之一代表）才能提出指控，经由国家杜马专门委员会确定指控且需三分之二的国家杜马代表通过，同时宪法法院裁定罪行成立后，最终还需要获得三分之二以上联邦委员会成员支持，弹劾总统才能成功。如果国家杜马提出弹劾后，三个月以内联邦委员会未通过指控，对总统的弹劾程序则终止。宪法还规定，总统任期四年，连任不得超过两届。

总之，1993年宪法以国家根本大法的形式将俄罗斯社会政治的变化固定下来，确定了国家政权结构，明确了各权力机关的职权，为俄罗斯进入相对稳定的政治发展阶段奠定了法律基础。

第二节　重构和建设国家垂直权力体系

普京当选俄罗斯第三届总统之时，俄罗斯正因长期激烈的政治斗争和激进的全面私有化而陷入社会动荡与经济衰退。为稳定秩序，普京采取了一系列加强中央权威的政治措施，取得了有效的成果。在此基础上，其在后续执政时间里构建了一整套治国理念，建设国家垂直权力体系是其核心。

一、世纪之交的政权交接

由于叶利钦推行快速激进的全面私有化改革，不仅没有使俄罗斯经济好转，反而使俄罗斯陷入持续的经济动荡和危机，贫困率极速上升。叶利钦的民意基础开始动摇，社会上出现了怀旧情绪，贫苦阶层反对叶利钦政策并大力支持左翼反对派。1994年爆发的第一次车臣战争，加剧了俄罗斯社会失序，叶利钦的支持率进一步下降。在此背景下，1995年12月，第二届国家杜马选举举行，俄联邦共产党表现不俗，获得157个议席，一跃成为国家杜马第一大党。而亲叶利钦的

"我们的家园-俄罗斯"选举失利,只获得55个席位,以俄联邦共产党领导的议会派与总统派再次形成两大阵营。以俄联邦共产党为首的左翼誓要推翻现行宪法确认的国家制度,引发又一轮政治危机。为了巩固民主的成果,继续推进改革,叶利钦决定参加1996年总统选举,并表示要不惜一切代价连任。①

1996年6月16日,第二届俄罗斯总统大选举行。这次总统大选在俄罗斯当代政治史上具有特殊意义,不仅仅是因为这是俄罗斯总统制确立后第一次总统大选,而且在此次大选中左翼和右翼竞争异常激烈,这一定程度上体现了俄罗斯人在选择国家发展道路的彷徨。

此次大选一共有十位候选人参加。② 由于第一轮选举中所有候选人均未获50%以上的选票,按照总统选举法规定两轮绝对多数原则,如表2所示,第一轮得票排名在前的两位候选人叶利钦和久加诺夫,自动进入第二轮选举。第二轮总统选举过程中,叶利钦成功争取到第一轮选举中排名第三的候选人亚历山大·列别德③的支持,原来支持列别德的选民将手中的票都投给了叶利钦。而在第一轮中得票率排名第四、第五的亚夫林斯基和日里诺夫斯基均不愿与久加诺夫联手,这样在第二轮选举中久加诺夫没有获得新的票源。选举最终结果,叶利钦以多出240万张选票的优势战胜了久加诺夫,成为第二届俄罗斯联邦

---

① 叶利钦在他的《总统的马拉松》一书中写道,这些结果影响了"总统的最终和不可撤销的决定""形势危急,真正存在复仇的威胁,我必须捍卫国家""也许,我一贯抗拒的意志得到了解决。在12月底,我做出了选择。"

② 实际上登记的总统候选人共计11名,其中一名退出竞选。这十名候选人是:杜马议员弗拉基米尔·布伦察洛夫、作家尤里·乌拉索夫、戈尔巴乔夫基金会主席米哈伊尔·戈尔巴乔夫、现任总统鲍里斯·叶利钦、自由民主党主席弗拉基米尔·日里诺夫斯基、俄联邦共产党主席根纳季·久加诺夫、杜马议员亚历山大·列别德、杜马议员斯维亚托斯拉夫·弗多罗夫、国际经济和社会改革基金会总干事马丁·沙库姆、"亚博卢"集团主席戈里果利·亚夫林斯基。

③ 亚历山大·列别德代表着持爱国主义和民族主义主张的中间派,吸引着部分徘徊于久加诺夫和叶利钦之间的、既不满意现状又不愿回归过去的选民。其第一轮得票率为14.5%。叶利钦为了换取列别德的选票,解除了国防部部长、总统安全顾问、联邦安全局局长和总统安全局局长等人的职务,任命列别德为国防会议秘书和总统安全顾问。

总统。实际上，当时形势总体不利叶利钦，民众对其怨怼颇多，① 但叶利钦却抓住选民不愿走回头路与希望社会稳定的心理，利用自己手中政治资源，及时调整内外政策，包括实行了一系列改善人民生活的措施、调整向西方"一边倒"外交政策、停止车臣战争；依靠金融寡头的全方位支持，② 以及西方国家的政治与财力上的支持，如表3所示，最终以53.82%的得票率赢得了大选。

表2　1996年6月16日第二届总统选举结果一览表（第一轮）

排名	候选人	党派/独立	得票数（张）	得票率（%）
1	叶利钦	选民倡议小组	26 665 495	35.28
2	久加诺夫	选民倡议小组	24 211 686	32.03
3	列别德	选民倡议小组	10 974 736	14.52
4	亚夫林斯基	"亚博卢"集团	5 550 752	7.34
5	日里诺夫斯基	自由民主党	4 311 479	5.70
6	弗多罗夫	选民倡议小组	699 158	0.92
7	戈尔巴乔夫	选民倡议小组	386 069	0.51
8	沙库姆	选民倡议小组	277 068	0.37
9	乌拉索夫	选民倡议小组	151 282	0.20
10	布伦察洛夫	选民倡议小组	123 065	0.16
11	图列耶夫	选民倡议小组	308	0.00
反对票（反对所有候选人）			1 163 921	1.54
无效票			1 072 120	1.43
总计（投票率69.81%）			75 586 831	100.00

资料来源：根据俄罗斯中央选举委员会网站资料整理。

---

① 全俄社会舆论研究中心1996年2月15日的资料显示,当时36%的受访民众认为,叶利钦承诺太多,但不相信他能兑现;33%的人认为,他执政期间作出太多错误决策;30%的人则认为叶利钦健康不佳等。

② 朱利叶托·基耶萨著,徐葵译:《别了,俄罗斯》,北京:新华出版社,2000年版,第232页。

表3　1996年7月3日第二届总统选举结果一览表（第二轮）

排名	候选人	党派/独立	得票数（张）	得票率（%）
1	叶利钦	选民倡议小组	40 402 349	53.82
2	久加诺夫	选民倡议小组	30 104 589	40.31
反对票（反对所有候选人）			3 603 760	4.82
无效票			780 405	1.05
总计（投票率68.88%）			74 706 645	100.00

资料来源：根据俄罗斯中央选举委员会网站资料整理。

叶利钦担任第二任总统期间，其身体健康问题已成为俄罗斯政局不稳的主要因素之一。叶利钦因健康问题不能正常处理国事，只得依靠自己的亲信，"家族势力和金融寡头几乎操控着俄罗斯各个领域"。[①] 1998年8月爆发金融危机后，俄罗斯民不聊生，叶利钦威信跌入谷底，支持率仅有1%，政治地位直线下降。面对陷入绝境的经济形势，叶利钦被迫连续撤换政府总理，但此举又进一步加剧了政治危机。持续的政治动荡和经济危机使得当时的俄罗斯国内形势处于崩溃的边缘。

在此背景下，右翼力量不断分化、削弱，在与俄联邦共产党等左翼反对派的政治较量中处于绝对劣势。俄联邦共产党认为，夺取俄罗斯总统宝座的时机到了。右翼自然不能让左翼这一目标实现，还是希望叶利钦能继续参选。按照1993年宪法规定，总统任职连续不得超过两届以上。而当时叶利钦已连任两届，不能参加第三届俄罗斯总统选举。但是右派认为，叶利钦当选俄罗斯苏维埃社会主义共和国总统时，当时国家施行的还是1978年宪法，总统一职仅相当于苏联一个联邦主体的行政长官。1993年叶利钦当选总统是根据1978年宪法和1991年总统选举法当选的，而根据新宪法参选并获胜是在1996年总统大选期间。也就是说，1996年是叶利钦总统第一任期的开始，所以叶利钦可

---

① В. Никонов, "Чего Ждать: Путин в системе политических координат", *Независимая газета*, мая 7, 2000.

以参加2000年总统大选。1998年3月,"亚博卢"集团的杜马议员阿列克谢·扎哈罗夫向宪法法院提议,允许赋予叶利钦参加第三届俄罗斯总统大选的权利。宪法法院受理了此案,并于11月5日作出最终裁决。宪法法院认为,根据1993年宪法第81条第3款规定,叶利钦不能继续参选。理由是:1993年宪法没有中断叶利钦总统的第一任期(1991—1996年)。选民和叶利钦本人都认为1996年总统选举的胜利是连选连任。

继续参选的希望破灭后,叶利钦对此明确表态,不参加第三届俄罗斯总统选举。但为了延续俄罗斯的民主之路,同时保障卸任后自身的安全和利益,叶利钦选中了时任俄罗斯联邦会议秘书弗拉基米尔·普京作为接班人。1999年8月9日,叶利钦解散斯捷帕申政府,提名普京为代总理和第一副总理。当天叶利钦发表电视讲话,表达了对普京主持政府工作的支持,并希望普京能赢得2000年的总统大选。普京就任代总理后,在车臣问题、经济稳定、杜马选举上做出了成绩,威望大增,得到俄罗斯社会各界及政治力量的拥护。为了确保普京在即将到来的总统大选中获胜,叶利钦计划辞职,有意提前举行总统大选。为此,需要修改总统选举法,制造有利于普京当选的司法条件。

1999年12月1日,俄罗斯出台新的总统选举法。与1995年总统选举法相比,1999年总统选举法最大的变化就是补充了关于提前举行总统选举的条款①,可以说此条款是为叶利钦提前下台,扶植普京执政专门设置的。1999年总统选举法规定,如果总统提前辞职,联邦委员会必须在总统辞职之日起的14天内确定总统提前大选的时间。选举日应当是总统终止权力之日起三个月期满前的最后一个星期天。关于提前举行总统大选的决定应在通过之日起五天内在媒体上正式公布。如果联邦委员会未决定提前选举,中央选举委员会应在总统终止权力之日起三个月后的第一个或第二个星期日举行总统大选。在这种情况下,

---

① Статья 5, пункт 4 и 5. Федеральный закон от 31.12.1999 № 228-ФЗ 《О выборах Президента Российской Федерации》.

总统选举法规定的各种选举行为的期限都缩短了四分之一。

一切准备就绪后，1999 年 12 月 31 日，叶利钦发表电视讲话，正式辞去俄罗斯总统一职，并宣布普京为代总统。根据 1999 年出台的总统选举法，2000 年 1 月 5 日，联邦委员会举行了非常会议，决定提前举行第三届总统大选，时间定在 2000 年 3 月 26 日。此届选举，是历届总统选举中参选人数最多的一次。由于普京的强人作风，特别是第二次车臣战争取得的胜果，使其获得社会各界一致支持。同时，普京及其竞选团队也采取了一些策略，比如在竞选期间向民众补发了拖欠的工资、退休金和抚恤金，进一步拉高了民众对他的好感度。更为重要的是，总统选举法关于总统提前终止权力的条款以及叶利钦的提前辞职为普京获胜创造了条件。原定于 2000 年 6 月举行的总统选举依法提前了三个月举行，其他候选人对此措手不及，被迫提前参加总统大选，选前准备一点都不充分。因此，如表 4 所示，普京在第一轮总统选举中以 52.9% 的得票率获胜，当选俄罗斯第三届总统。俄罗斯也由此进入了"普京时代"。

表 4　2000 年 3 月 26 日第三届俄罗斯总统选举结果一览表

排名	候选人	党派/独立	得票数（张）	得票率（%）
1	普京	独立	39 740 467	52.99
2	久加诺夫	俄联邦共产党	21 928 468	29.24
3	亚夫林斯基	"亚博卢"集团	435 150	5.80
4	图列耶夫	俄联邦共产党	2 217 364	2.95
5	日里诺夫斯基	自由民主党	2 026 509	2.70
6	季托夫	俄罗斯成长党	1 107 269	1.47
7	帕姆菲洛娃	社会政治运动争取公民尊严	758 967	1.01
8	戈沃鲁辛	祖国-全俄罗斯	328 723	0.44
9	斯库拉托夫	俄联邦共产党	319 189	0.43

续表

排名	候选人	党派/独立	得票数（张）	得票率（%）
10	波德别列斯金	人民-爱国者联盟	98 177	0.13
11	贾布赖洛夫	倡议小组"理性力量"	78 498	0.10
反对票（反对所有候选人）			1 414 673	1.88
无效票			701 003	0.93
总计（投票率68.64%）			75 070 732	100.00

资料来源：根据俄罗斯中央选举委员会网站资料整理。

二、加强中央权力的政治改革

普京当选总统之时，俄罗斯政治经济处于全面混乱的状态，"俄罗斯近200—300年首次真正面临沦为世界二流甚至三流国家的危险"。① 政治上，各派政治理论激烈冲突、社会秩序混乱。官员腐败现象严重，社会犯罪活动猖獗，民众对执政当局的不信任感增强。车臣问题威胁着国家主权统一。第一次车臣战争后，这个地区闹独立的问题不仅没有得到解决，反而地区恐怖势力和极端宗教组织异常活跃，严重威胁着人民生命与财产安全。经济上，国民经济出现严重下滑，1992—1998年，俄罗斯国内生产总值下降了40%，综合国力大为削弱。② 如表5所示，通货膨胀率持续上升，失业人口和贫困人口激增，社会两极分化。据统计，到20世纪90年代末，俄罗斯富人阶层占社会总人口的1.5%，中间阶层占25%，穷人阶层占70%，其中收入低于最低生活水平的人口占37.7%。③ 对外关系方面，冷战后，以美国为首的西方国家对俄罗斯实行遏制、打压，严重损害了俄罗斯的国家利益。叶利钦时期奉行的亲西方对外政策也遭遇到了国内广泛批评。

---

① 普京：《普京文集》，北京：中国社会科学出版社，2002年版，第16页。
② 潘德礼、许志新：《俄罗斯十年：政治·经济·外交》（下卷），北京：世界知识出版社，2003年版，第423页。
③ 同②，第425页。

俄罗斯民众希望改变国家现状、希望国家安定、希望出现强有力政权的社会情绪也越来越强烈。

表5　1996年总统选举前俄罗斯经济指标

经济指标	数值
国内生产总值	14 285亿卢布
布伦特油价	17.9美元/桶
外债	1327亿卢布（+4.7%）
犯罪人数	276万人（+4.7%）
贫困线以下人口比例	24.8%
失业人口比例	9.4%
1995年通货膨胀	131.3%

普京执政后，为解决国家生存与发展问题，重振俄罗斯大国地位，开始调整国内外政策。在国内，开启了一系列政治改革，以整顿政治混乱的局面。

第一，建立中央权力垂直体系，加强中央权威。首先，将俄罗斯联邦89个主体划分为七个联邦区，通过向联邦区派驻总统全权代表的方式直接管理联邦区内事务。其次，修改联邦委员会议会上院组成原则。经普京改革后，联邦委员会由地方行政机关和立法机关的代表组成，同时赋予联邦中央以解散地方议会或解除地方行政长官职务的权力，并在地方立法会议通过与联邦法律相悖的法律时将其解散。再次，取消了地方行政长官的直选制，改由总统提名地方行政长官候选人，并经由地方议会批准。最后，废除与联邦法律相抵触的各类地方性法律法规，消除地方分离倾向。通过上述改革，普京重构了国家的垂直权力体系，改变了叶利钦时期中央对地方管理的失控局面，中央权力大大增强。与此同时，普京发动了针对车臣分离主义分子的第二次车臣战争，平定和重建车臣，稳住北高加索形势，维护了国家统一。

第二，规范多党政治。2001年，俄罗斯颁布新政党法，提高政党成立门槛，整顿多党乱政现象。同时，推动亲政府的中派势力"团结党""祖国运动""全俄罗斯党"合并成为"统一俄罗斯党"，并有意培育其为政权党。在普京的大力扶持下，统一俄罗斯党在2003年国家杜马选举中大获全胜，取代了俄联邦共产党在国家杜马中的主导地位。2004年9月别斯兰人质事件①发生后，普京以此为契机，趁势对政治体制和议会体制进行了多项改革。先是取消了杜马单席位选区制，将原来国家杜马选举混合制改为政党比例制，接着于同年12月初又推出政党法修正案，将政党注册门槛由一万人提高到五万人，人数不足五万的政党限期在2006年1月1日前发展到五万，否则将取消政党资格。普京推出的政党法修正案对政党的概念、政党的组建及其活动范围、政党登记制度、政党的权利和义务等也作了新的规定。比如：一个党在五年内没有提出自己的候选人名单参加竞选，将失去登记资格；任何党员在当选为总统后应即中止自己的党员资格；凡在国家杜马选举中得票率超过3%的政党，都有权根据其得票数的比例获得国家拨款资助。

第三，严厉整治金融寡头，消除寡头干政现象。2000年，俄罗斯总检察院以涉嫌诈骗和侵吞国家财产罪，拘留了"大桥媒体集团公司"总裁古辛斯基。虽然古辛斯基后来逃到西班牙，但其控制的媒体王国也就此消亡。俄罗斯检察机关的另一个重点惩治对象是专和当局唱对台戏的别列佐夫斯基。他曾任伏尔加汽车营销公司总裁、联邦安全会议副秘书和国家杜马议员，不仅拥有巨额资产，还是多家媒体公司的控股人，同当局闹翻后流亡到英国，后因涉嫌诈骗和洗钱等经济犯罪被通缉。2003年10月，俄司法机关以侵吞国家财产、欺诈、恶意违背法院裁决及偷逃税款等四项罪名将试图干政的俄罗斯第一大富豪、

---

① 别斯兰人质事件是指发生在俄罗斯的一起恐怖袭击事件。2004年9月1日，32名全副武装的恐怖分子闯入俄南部北奥塞梯-阿兰共和国别斯兰市第一中学，将1200多名师生和家长作为人质，要挟政府允许车臣独立。在解救人质的过程中造成331人死亡，958人受伤。

尤科斯石油公司总裁霍多尔科夫斯基抓捕入狱,判刑八年;他的尤科斯石油公司以欠税270亿美元被拍卖。(2010年,他又因为洗钱被追加刑期六年。)这三大寡头倒下后,其他寡头们也树倒猢狲散,影响力日渐式微。普京打击寡头的标准和规则是,谁干政就打击谁。依靠此举,普京有效地解决了叶利钦时期形成的寡头干政和寡头政治的问题,实现了政治独立,维护社会公正,而且通过拍卖和提高征税的办法实现了国家对石油、天然气等能源部门的控制。但在对待寡头的问题上,普京也采取了不同的态度和手法,如允许那些"听话"的商业精英进入政府机构。

三、全面政治体系改革

为了缓和2011年年末第六届国家杜马选举引发的抗议浪潮,回应民众要求增加政治竞争性的诉求,2012年普京第三次当选总统后,开启了全面政治体系改革。国家权力结构未发生变化,垂直体系反而进一步加强。

(一) 调整和加强总统垂直领导的权力体系

普京将其任总理时的内阁部长几乎全部带入总统办公厅并委以重任,经过一系列改组,总人数达到前所未有的3100人。[①] 在新的权力架构中,总统办公厅已成为核心决策机构,负责国家政策的谋划和制定,向政府传达总统指令并监督其落实。同时普京还增设了30个总统直属委员会,并亲自出任经济现代化与创新发展、民族关系、经济、能源与生态安全等委员会主席,牢牢掌控能源、军工等经济关键领域的主导权。总之,政府核心位置人选未动,其他位置的旧人基本都去了总统办公厅,而补充上来的新人不是原先位置的副职就是绝对弱势的新生力量。俄政坛力量对比的结果,一是权力决策中心完全回归总

---

① "Об Адсинистрации Президента", http://state.kremlin.ru/administration/about.

统，二是总统办公厅形成了政府的潜在备胎。

(二) 修改政党法，放宽政党登记限制

普京修改了政党法和选举法，降低了建党及参政门槛，恢复了国家杜马的"混合选举制"。2012年4月4日，经过修改的政党法正式生效。根据该法，组建政党所需最低党员人数的限制从四万名降到500名；规定政党必须在半数以上的联邦主体建立地区分部，但取消了对地区分部最低人数的要求；政党提交党员人数信息和财务报表的手续也进行了简化，由原来每年报请一次改为三年一次；各政党党章自由规定的原则继续实行。同时，根据新的政党法，国家虽然简化了政党登记条件，但是政府需要加强审查，禁止以地区或民族为原则成立政党，以防助长地方分裂主义和社会分裂状态。在新的政党法的刺激下，通过登记注册，2012年12月底，已有200多个政党在俄罗斯司法部门申请备案，合法登记的政党也由原来的七个增加到50多个政党组织。其中包括在2021年总统选举中名列第三的俄罗斯亿万富豪普罗霍洛夫领导的"公民纲领"党于2012年7月31日获准登记注册。国家杜马选举制改回混合选举制，各政党进入国家杜马的门槛又降回原来的5%。

(三) 恢复地方行政长官直选制度

2012年俄罗斯颁布了《直接选举地方长官的法律》。根据该法律规定，俄联邦主体最高行政长官在俄罗斯公民普遍、平等、直接、不记名投票的基础上选举产生，任期五年，连任不得超过两届，凡年满30岁的俄罗斯公民有权竞选州长，候选人既可由党派提名，也可以独立候选人身份参选。独立候选人竞选州长需征集到该州总人口0.5%—2%的支持者签名，具体比例由各州自行决定。法律特别规定，总统有权与党派提名的候选人以及独立候选人进行磋商，地方上的候选人也需获得当地议会成员5%—10%的支持。地方行政长官任职后有腐败行为或涉及其他利益冲突，总统有权将其免职。地方行政长官违反联邦

或地区法律,总统也有权将其免职。这样,俄联邦主体行政长官的产生在2004年由直选改为总统任命,八年后又重新回到直选,并成为俄新的政治体制改革的重要组成部分。根据该法,2012年10月14日,阿穆尔、别尔哥罗德、梁赞、布良斯克和诺夫哥罗德五个州长任期届满的州举行州长直选,由于选举条件放宽,原有的七个政党加上新组建并获注册的19个政党参加了选举。选举结果,现任州长统一俄罗斯党候选人全部在第一轮选举中以超出六成的高票获胜。同一天举行的俄地方各级议会和行政机构领导人选举中,统一俄罗斯党也以较明显的优势获胜,得票较上年年末的国家杜马选举有较大提升,而议会其他政党则都出现选票下降的情况,新组建政党的表现更加暗淡无光。选举结果充分显示了政权党的实力,证实了大多数民众是拥护普京保持稳定、谋求发展的方针的。

上述政治改革措施是俄罗斯执政当局对抗议民众承诺的兑现,政党注册程序的简化促使代表更多阶层和群体利益的政治组织现身国内政治舞台,地方长官的直选使地方居民历时八年后又重新参与到地方政治生活中来,各级选举条件的放宽,也增加了政治竞争性。但是总体来说,这些改革对俄罗斯既有的政治格局不会产生实质性的影响。

(四) 加强依法治国

通过出台《集会修正案》《非营利组织法》《叛国罪修正案》《信息法》《网络黑名单法》《反盗版法》《封闭极端主义网站法案》到《博主法案》等法案,加强对政治和社会组织的管理,强化对外国支持的体制外反对派的控制和对社会的有效管理,特别是刚出台的《信息法》,有关部门可以不经法院审理直接查封网站,防止群体性骚乱的发生,有力防范美国等西方国家对俄罗斯的政治渗透。值得一提的是,上述法案遭到俄国内维权组织和以美国为首的西方国家的抨击,但从百姓层面基本上都得到支持。全俄社会舆论研究中心针对《网络黑名单法》进行的民调显示,73%的俄罗斯人表示支持。对《非营利组织法》修正案的调查也显示，67%的受访者认同该法案是防止外国干涉俄罗斯事务的必要工具，而不是当局借此打压反对派。

2000年普京执政以来，不论是普京执政的八年还是"梅普组合"时期，俄罗斯反腐败始终是人们关注的焦点之一，各个时期采取的措施、通过的法律并不少，从《俄罗斯联邦反腐败法》《反腐败国家计划》到《反腐败国家战略》……但收效甚微。梅德韦杰夫总统在2008年国情咨文中指出，腐败是现代社会的"一号公敌"。与此同时，反对派从未停止借腐败问题向执政当局发起进攻。在2011年年底出现的大规模抗议活动中，腐败也是民众向政府表达不满的主要问题之一。普京再任总统后，加大反腐败力度，将反腐败提升为政府工作的重要任务。俄罗斯先后颁布了《反腐败法》《审查公务员消费占收入比例法》《禁止官员海外拥有财产法案》等，普京还解除了国防部长谢尔久科夫及其两名副部长、俄罗斯经济发展部部长乌柳卡耶夫和圣彼得堡副市长奥加涅的职务。这次由克里姆林宫发起的自上而下的反腐败斗争无疑是顺应民意之举。

追溯普京的治国理念可以看出，普京无疑是民主制度的崇奉者，但对法制、秩序和强大政权的追求也始终是其不变的目标。2012年12月12日，普京在年度国情咨文中讲道："对俄罗斯来说，除了民主没有也不可能有其他的政治选择。在此我想说并强调，我们赞同的正是在全世界被接受的普世的民主原则。不过俄罗斯的民主，恰恰是有其自身国民自治传统的俄罗斯人民的权利，而绝不是实施外部强加给我们的标准。民主包括遵守和尊重现行法律、原则和规范。执政党、政府、总统可以更替，但国家和社会的基础不应该被撼动，民族发展的连续性不能被打断，主权以及公民权利和自由的保障问题不能改变。"从2000年到2020年，普京在执政的20年里，先后进行了"加强中央权力改革"（2000—2005年）和"全面政治体系改革"（2011—2013年），皆对政党、议会、选举、联邦制度进行了调整和完善，前者以收为特点，集中权力，整顿叶利钦时期形成的政治无序；后者则是以放为特征,增加政治竞争性,缓冲政治对立和社会冲突。经过这两次改革,俄政党、议会、选举及联邦制度互相补充,以强大的制度保障了政权及国家稳定。

第三节 2020年修宪:超级总统制的稳固

1993年宪法是特殊时期诞生的一部国家基本法,是符合当时俄罗斯国内形势的宪法,它有力地保障了国家的统一和稳定。正是依靠这部宪法赋予总统的极大权力,普京经过20年的努力改变了俄罗斯,使俄罗斯重新走在复兴的路上。但是1993年宪法也有明显的缺陷,用俄联邦共产党领导人久加诺夫的话说,现行宪法是在枪口的威逼下从外面强加给我们的,宪法赋予总统的权限历史上历任沙皇和总书记都不曾享有过。虽然这个评论带有浓厚的感情色彩,但是依然反映了问题实质。一个在法律上具有至高无上的权力、不受监督的统治者,一旦被某种势力控制,或自身出现某种问题,则后果不堪设想。1993年宪法规定的权力分配和决策机制极大限制了各部门、各地方、各行业的积极性和主动性,虽然保证了中央绝对权威,建立了严格的垂直治理体系。用俄罗斯专家的话说,这是手动操作国家治理,而不是自动操作系统。[①]

同时,经过30年发展,今时不同于往日,俄罗斯国家发展面临新的问题:2024年如何实现权力顺利交接,如何保证现有发展模式的延续;内部经济发展问题突出,民心思变,社会失序风险增长;外部美西方持续经济制裁,不断对俄罗斯施压遏制,寻机发动颜色革命,外部环境压力加大。正如俄罗斯总统普京在会见国家杜马党团领导人时表示,自1993年宪法建立至今,俄罗斯已发生巨大变化,修正宪法势

[①] 李永全:《俄罗斯修宪与普京长久国家》,载《俄罗斯学刊》,2020年第2期,第11页。

在必行。①

2020年1月15日，普京发表国情咨文，宣布启动修宪进程，试图在加固中央权力的同时，优化政治结构，分散经济社会发展的责任与权利，以缓解国家的政治社会压力。普京对宪法修正案提出以下几项原则：第一，国家的政治体制只能是总统制，而非议会制。第二，不能出现"双重权力"和"寡头政治"。第三，宪法的效力必须高于国际法律和国际条约。第四，宪法必须加强自身的社会功能，需要尊重劳动者，加强对母婴、养老金领取者等社会弱势群体的保障力度，以维护社会稳定与发展均衡。随后，立法机关和宪法法院积极配合：2020年3月11日，俄罗斯联邦国家杜马以383票通过、43票弃权的高票率，三读通过了总统普京提交的宪法修正案。2020年3月14日，普京签署了国家杜马和联邦委员会于2020年3月11日通过的俄罗斯联邦宪法修正案。这是《俄罗斯联邦宪法》自1993年12月12日颁布以来的第五次修改。此前四次修改《俄罗斯联邦宪法》的法律为：2008年12月30日颁布的联宪法6号、2008年12月30日颁布的联宪法7号、2014年2月5日颁布的联宪法2号和2014年7月21日颁布的联宪法11号。

此次《俄罗斯联邦宪法》修正案共三条：第一条为对宪法条款修改的具体内容，第二条是关于全民投票的相关事宜，第三条是此次修改生效程序方面的事宜。

2020年6月25日至7月1日，俄罗斯就本次宪法修正案举行了全民投票。根据俄罗斯中央选举委员会7月3日宣布的投票结果，投票的74 215 555人中，赞同修宪的为57 747 288人，占投票总数的77.81%。本次宪法修正案涉及《俄罗斯联邦宪法》46条，占《俄罗斯联邦宪法》第一编即宪法基本条款总数（137条）的三分之一，基

---

① "Путин считает, что Россия изменилась и поправки в Конституцию востребованы"，https://tass.ru/politika/7912989.

本涉及了宪法中关于国家领土、安全、公民权利、国家权力结构以及联邦中央与地方关系等各个关键环节。主要修订内容如下：

一、关于立法权

超过三分之二国家杜马议员以及四分之三以上的联邦委员会议员通过法案后，总统应在 14 天内签署法案并公布。同时，总统可以向宪法法院提出对议会通过的法案的审查是否符合宪法，如宪法法院宣布违宪，总统可以拒绝签署并将法案退回国家杜马。如果宪法法院确认了该法案的合宪性，那么总统应在宪法法院做出决定之日起三天内签署该法案。上述修订后，一方面，在联邦立法过程中引入了宪法法院这一权力主体，客观体现了对宪法根本法地位的尊重；但另一方面，宪法法院拥有了制衡国家杜马的权力，而宪法法院在人事任免上是被总统及其掌控的联邦委员会牢牢控制的，因此，此举又可视为总统对国家立法权的主导。

值得注意的是，2014 年修宪时已经规定总统掌握 10% 的上院议员任免权，这次修宪将总统直接任命的联邦委员会议员人数扩至 30 人，约为 17.65%，其中包括七名"终身议员"。此外，还特别规定总统卸任后自动成为上院终身议员，拥有豁免权；总统无论在职与否，人身不可侵犯。客观上讲，这些条款的修正无疑强化了总统个人对立法权的控制。

二、关于行政权

第一，对总统任期的规定。在第 81 条第三款中将"同一个人不得连续任职联邦总统超过两个任期"的规定改为"同一个人不得担任俄罗斯联邦总统超过两个任期"。同时，还增加了附加条款，指出该任期限制条款仅适用于"担任过"和"将担任"总统职位的人，而不适用于在《宪法》修正案生效时"正在担任"该职位的人，并且不排除其在规定的允许范围内继续担任总统职务的可能。因此，这个条款并不适用于正在担任总统职务的普京。新宪法通过至今，普京已向国家杜马提交了一揽子宪法性法律修改法案。这些法案既涉及后续相关法律的常规修改，也涉及根据新宪法而专门制定的新法律，如前总统任期清零、前总统豁免法。这样，普京掌握了"2024问题"的主动性：任期已经清零，理论上可以连选连任至2036年；无论是否就任总统，其已通过豁免权法确保自身及家人安全。

第二，对于总理及政府的提名、任命和解职。修正案规定，总理的候选人经总统提名、国家杜马批准后，由总统任命。也就是说，政府总理任命的程序仍为"总统提名候选人—国家杜马批准候选人—总统任命"。修改的效果，仅仅是在程序上显得更加正式。而且，由于支持普京的统一俄罗斯党在国家杜马中占绝大多数席位，因此国家杜马未对总统权力形成实质上的制约，权力结构也没有发生改变。

关于政府成员的任命，修正案规定，总理有权向国家杜马提议关于政府副总理和各部部长的候选人，供其批准。国家杜马将在不迟于一周的时间内对提名做出决定，总统根据国家杜马批准的候选人任命联邦政府副总理和各部部长。

关于对总理及政府成员职务的解除，修正案规定，总统有权直接解除总理、副总理和各部部长的职务。总统决定解除联邦政府总理后，应在一周内向国家杜马提交新的联邦政府总理提名。新任命的总理不需要向总统提交新的政府成员建议。

第三，对强力部门等重要机构领导人的任命。修正案规定，总统在与联邦委员会协商后，有权任命国防、国家安全、内务、司法、外交、紧急情况部和自然灾害消除、公共安全等联邦行政机构的负责人，同时，总统有权单独解除上述官员的职务。也就是说，国防部、外交部、紧急情况部、内政部和司法部等强力部门是由总统直接管辖，这实际上削弱了总理职能，同时也削弱了国家杜马对国家安全与外交决策领域的参与和监督权。

第四，成立国务委员会。在第83条第六款下新增一点，即将

2000年成立的总统直属的原参事协调部门"国务委员会"新增为宪法中的权力主体。① 规定国务委员会有权确定国内政治经济和外交政策的主要方向。该机构由总统担任主席，其常设机构主席团则由总统任命的七人组成，每半年更换一次。2000年9月，最初设立时的主要成员为89个联邦主体的行政长官。2012年后，主席团人选范围扩大到联邦委员会主席、国家杜马主席、国家杜马各党团领袖、各联邦区总统全权代表、政府关键成员、总统办公厅关键成员以及国企和国有银行负责人等关键官员。秘书长由总统办公厅的一名副主任担任。因此，在国务委员会成为宪法机关后，总统的行政与协调权力也将随之强化。

虽然政府重要官员的提名权由总理转移到了国家杜马，任命权由总统独自行使转变为主要由国家杜马决定。但是支持总统的统一俄罗斯党牢牢控制着国家杜马，因此，上述修正不仅未削弱总统的权力，反而强化了总统的行政权。

三、关于司法权

在司法权方面，原先宪法规定总统无权决定宪法法院和最高法院院长的人选，现在修正案规定：第一，联邦宪法法院院长、副院长和法官，联邦最高法院院长、副院长和法官由联邦委员会根据总统的提名任命。总统有权任命其他法院的院长、副院长和法官。第二，总统有权向联邦委员会提出免除联邦宪法法院院长、副院长，联邦最高法院院长、副院长和其他联邦法院法官的职务，如果他们做出了有损法官声誉和尊严的行为、违反了《宪法》或有其他无法继续正常行使权力的情形。第三，宪法法院是联邦宪法审查的最高司法机构，通过宪法程序行使司法权力，以保护宪法制度的基础、人身和公民的

---

① 《Государственный совет Российской Федерации——неконституционный совещательный орган при Президенте Российской Федерации》(Образован указом Президента Российской Федерации от 1 сентября 2000 г.).

基本权利和自由,确保联邦宪法在整个俄罗斯领土上具有至高无上的地位和直接影响力。宪法法院由 11 名法官组成,其中包括院长和副院长。

由于总统通过各种规范性法律文件,牢牢控制着联邦委员会,因此,上述修订实质上强化了总统对司法系统的实际控制力。

四、突出国家安全

2020 年宪法修正案对主要涉及国民精神和领土完整不可分割、国家地位和加强维护联邦与地方的合作关系以及宪法至上、国家安全和国家工作人员的国籍身份等三个方面进行了修订。

(一)关于"国民精神和领土完整不可分割"的增补内容

一是俄罗斯联邦是具有千年历史的统一国家,保留了对祖先的记忆。祖先们传达了对"上帝的信仰"以及国家发展的连续性。俄罗斯纪念祖国的捍卫者,保护历史真相,不允许人民保卫祖国的壮举被贬低。二是俄罗斯保卫自身的主权和领土完整,禁止割让联邦领土的行为以及要求采取此类行为(除了与邻国划界、勘界和重新勘界之外)。

(二)关于"国家地位和加强维护联邦与地方的合作关系"的增补内容

第一,俄罗斯联邦是苏联在其领土上的合法继承主体,也是苏联在国际组织中的成员资格、参加的国际条约以及国际条约规定的俄罗斯联邦享有境外义务和资产方面的合法继承主体。第二,如果在联邦管辖范围之外,当地方性法律与联邦法律和联邦主体法律同时发生冲突时,应以联邦主体法律为准。第三,联邦与地方政府是一个统一的公共系统,它们之间相互作用,并最有效地解决联邦和地方的各种问题,从而使各自领土上的人民受益。

(三) 关于"宪法至上、国家安全和国家工作人员国籍身份"的增补内容

第一，国内法高于国际法。已签署的国际条约或国际组织的决议，如违反《俄罗斯联邦宪法》，则在俄境内不得执行。宪法法院拥有国内法与国际法关系的释法权。第二，严格包括总统在内的各级官员的国籍要求。总统必须是年满35岁，且在俄罗斯居住25年以上，没有且未曾拥有外国国籍或外国永久居留许可的俄罗斯公民。在对国家和市政公职人员的国籍身份限制，禁止他们拥有外籍或永久外国居留身份。各联邦主体最高行政长官和立法机构负责人以及联邦国家机关负责人必须年满30岁，且在俄罗斯永久居住，没有外国国籍、永久居留许可或其他在外国领土永久居留证件。法官应是俄罗斯联邦的公民，年满25岁，具有高等院校法律学历，并在司法界工作了至少五年，永久居住在俄罗斯，且没有外国国籍和其他在外国领土永久居留证件。第三，将联邦最低工资规定为至少满足健全人的正常生活标准，定期对退休金和养老金进行更新。

总之，修宪后，国家权力体系中总统的核心权力再次扩大，中央对地方的控制进一步强化，在国家认同上突出俄罗斯的主体地位。在国家安全层面，增补的诸多条款对俄罗斯主权领土问题、国内法与国际法关系等方面的问题也产生了重要影响。此次修宪依然体现了普京集中优化政治资源进行国家发展的理念，在继承叶利钦改革成果的同时，强调俄罗斯新思想和主权民主，在俄罗斯历史、文化和精神的基础上保持俄罗斯特色并实现现代化。

第四节 国家权力体系中的国家杜马

俄罗斯宪法第94条规定，联邦会议为俄罗斯议会，是俄罗斯联邦

的立法机关。① 第95条规定，联邦会议由联邦委员会和国家杜马组成。俄罗斯国家杜马行使立法权和监督权，在国家权力运行中发挥主要职能。在俄罗斯超级总统制下，国家杜马在国家权力体系中的地位和作用受到执行权力的极大制约。

一、俄罗斯联邦会议的组成与职能

1993年9月21日，叶利钦颁布"关于分阶段宪法改革"的第1400号法令，决定建立联邦会议，以取代当时的人民代表大会。1993年宪法对联邦会议的定义、构成及职责都作了明确规定。2020年宪法修正案又对联邦会议赋予了更多权限。按约定俗成的习惯，联邦委员会一般称为联邦会议的上院，国家杜马则是联邦会议的下院。

（一）联邦委员会

1. 组织结构与活动方式

现行宪法第95条第二款规定，联邦委员会由以下人员构成：俄罗斯总统（任期届满或辞职将停止资格）；每个联邦主体的二名代表（立法机关和执行机关各一名代表）；俄罗斯总统直接任命的30名代表（不得超过30名），其中最多七人可以终身任职。联邦委员会代表只能是年满30岁，在俄罗斯永久居住，没有且未曾拥有双重国籍、外国永久居留证的俄罗斯公民，任期六年。同时，联邦委员会委员不得在俄罗斯境外外国银行开设账户，存储现金和贵重物品。

在叶利钦执政初期，地方分离倾向十分严重，为维持国家统一与稳定，叶利钦对联邦主体领导人作出了妥协与让步。1995年12月5日，叶利钦政府颁布了《联邦委员会组成程序法》，规定"联邦委员会由每个联邦主体的立法机关领导人和执行机关领导人组成"。② 自

---

① Статья 94.《Конституция Российской Федерации》.

② Статья 1. Федеральный закон от 05.12.1995 № 192-ФЗ《О порядке формирования Совета Федерации Федерального Собрания Российской Федерации》.

此，联邦主体领导人可以轻松进入联邦委员会。虽然该法原则上并未违背1993年宪法，但它却为地方领导人掌控议会上院，进一步扩大地方权力提供了法律基础。

普京执政初期，为了削弱地方领导人实权，提高国家立法水平，对叶利钦时代的《联邦委员会组成程序法》进行了修正，取消联邦委员会由联邦主体执行和立法机关领导人组成的规定，改由每个联邦主体各派二名代表组成：一名立法权力机关代表和一名执行权力机关代表。①

联邦主体立法机关代表，由该机构领导人或至少五分之一机构代表提出。被提名的候选人，必须向该联邦主体立法权力机关提交前财产情况、一年收入总额和收入来源的信息，然后由该立法机关多数议员以无记名投票方式通过。

联邦主体执行权力机关代表，则是由执行机关领导任命，但需要经过联邦主体立法机关全体代表三分之二多数投票赞成。② 任命前，该候选人必须提交被任命前财产情况、被任命前一年收入总额和收入来源的信息。

联邦委员会委员不得同时兼任国家杜马代表或联邦主体立法机构代表，不得担任国家高级官员，不得当选地方行政长官，不得建立政党联盟。③ 这些内容的规定，不仅进一步弱化地方权力，而且也有利于联邦委员会更加规范化、民主化及专业化。

联邦委员会主席候选人由委员会成员提名，经联邦委员会讨论后确定的联邦委员会主席候选人名单提交联邦委员会全体会议投票表决，获得联邦委员会成员半数以上多数票的候选人即可当选。如果提出两

---

① Статья 1. Федеральный закон от 05.08.2000 № 113-ФЗ《О порядке формирования Совета Федерации Федерального Собрания Российской Федерации》.

② 普京著，张树华、李俊升、许华译：《普京文集（2002—2008）》，北京：中国社会科学出版社，2008年版，第162页。

③ Федеральный закон от 22 декабря 2020 года № 439-ФЗ《О порядке формирования Совета Федерации Федерального Собрания Российской Федерации》.

名以上联邦委员会主席候选人，而其中任何一人都未能获得当选所需票数，就要在得票最多的两名候选人之间进行第二轮投票，得票最多但不少于联邦委员会成员半数票的候选人即可当选。如果第二轮仍未能选出联邦委员会主席，那么就要从提名候选人开始重复整个选举程序。现任俄罗斯联邦委员会主席是瓦列金娜·伊万诺夫娜·马特维延科。

联邦委员会自行决定联邦委员会副主席的人数。联邦委员会主席提出副主席候选人，联邦委员会就每个副主席候选人进行讨论和分别投票表决。如果候选人中没有一人获得当选所需的票数或者当选的副主席人数少于联邦委员会所规定的人数，就要从提名候选人开始重复整个选举程序。投票表决结果由联邦委员会决议加以确认。

联邦委员会主席和副主席不能是来自俄罗斯同一个联邦主体。

2020年宪改后，联邦委员会由象征性机关变为拥有更多实际权力的机关。在西方两院制议会中，议会下院是真正由民主选举产生的人民代表机关，因此，议会的实际权力掌握在议会下院手中，而上院则是象征性机关。俄罗斯同样如此，国家杜马通过民主选举产生，代表人民利益，在行使议会权力方面发挥主要作用；联邦委员会由各联邦主体委派代表产生，在权力行使方面远不如国家杜马，在俄罗斯政治生活中的存在感也较低。但是，2020年宪改中关于联邦委员会的构成及权力的内容被修改后，联邦委员会获得一定参与协商人事任免的权力，联邦委员会的地位明显上升。

2. 权限

联邦委员会的职权有：

第一，批准俄罗斯联邦各主体之间的边界变更；

第二，批准俄罗斯联邦总统发布的战时状态令和紧急状态令；

第三，决定在俄罗斯境外动用武装力量；

第四，确定总统选举事宜；

第五，审理弹劾总统案；

第六，罢免俄罗斯联邦总统职务；剥夺已终止行使职权的俄罗斯联邦总统豁免权；

第七，根据总统提议，任命及罢免宪法法院、最高法院、最高仲裁法院的院长和俄罗斯联邦总检察长；

第八，根据总统提议，罢免宪法法院、最高法院及最高仲裁法院法官；

第九，参与对国防、安全、内务、司法、外交、紧急情况部等强力部门领导人的选任。①

联邦委员会下设十个委员会，包括：联邦事务、地区政策、地方自治以及北方事务委员会；国防与安全委员会；国际事务委员会；宪法立法和司法法律问题委员会；经济政策委员会；财政与金融市场委员会；农业及环境管理委员会；社会政策委员会；科学、教育和文化委员会；议会活动规则和组织委员会。

联邦委员会例行会议按法律规定在固定时间内召开，主要是在每年10月1日至次年7月31日期间，至少召开一次例会（连续三周），主要讨论立法问题。联邦委员会可以在议会例会之外逢国家遇到关系全局的重大事件而召开非常会议。有权提出召开非常会议的人员或机构一般包括：国家元首、政府、联邦委员会理事会、若干联邦主体、一定数量的议员等。如果俄罗斯宪法未对通过决议的程序作出其他规定，联邦委员会决议由联邦委员会委员总数的多数票予以通过。俄罗斯宪法规定联邦委员会委员的任期为六年。

（二）国家杜马

俄语"杜马"一词为"思考"之意，最早引申为国家机构。杜马创始于公元10世纪—18世纪初，俄罗斯大公和沙皇领导的封建贵族最高委员会，被称为"波雅尔杜马"（Боярская дума）。② 19世纪初，亚

---

① Статья 102.《Конституция Российской Федерации》.
② 赵凤彩：《史说俄国杜马》，载《俄语学习》，2011年第2期，第24页。

历山大一世时期斯佩兰斯基伯爵提出的立法改革方案中,① 曾建议成立国家杜马作为国家立法机关。1905年,沙皇尼古拉二世付诸实践,设立国家立法机关——国家杜马。

当代俄罗斯国家杜马于1993年建立。俄罗斯宪法规定,国家杜马由450名代表组成,当选任期为五年,其代表的产生方法将后续详尽阐述。现任俄罗斯国家杜马主席为维亚切斯拉夫·维克托罗维奇·沃洛金。

国家杜马成立了26个常设委员会②,分别是:农业委员会;安全与反腐败委员会;财政与税收委员会;家庭、妇女与儿童问题委员会;独联体、欧亚一体化和侨胞联络委员会;民族事务委员会;国家建设与立法委员会;住房政策与公用住房管理委员会;信息政策与通信信息技术委员会;文化委员会;国防委员会;监督与规则委员会;教育与科学委员会;公民社会发展、社会问题及宗教委员会;国际事务委员会;保健委员会;交通与建筑委员会;自然资源委员会;劳动、社会政策与老战士事务委员会;联邦事务和地区自治问题委员会;地区政策、北方与远东问题委员会;体育运动、旅游和青年事务委员会;金融委员会;生态与环保委员会;经济政策、工业、创新发展与商业委员会;能源委员会。

国家杜马的职能主要包括立法和监督。

第一,立法功能。作为议会下院,行使立法权是俄罗斯国家杜马

---

① 米哈伊尔·米哈伊洛维奇·斯佩兰斯基,俄罗斯帝国亚历山大一世统治时期的改革家,曾被称为俄国自由主义之父。1808年年底,斯佩兰斯基在亚历山大一世授权下拟定了著名的《1809年国法概论》《1809年国家法典草案》,其中涉及建立地方杜马和国家杜马的内容,后者被赋予立法权和监督权。沙皇未经国家杜马同意,不能颁布法律。但由于斯佩兰斯基改革触犯了沙皇专制制度下的贵族利益,引起贵族们的强烈不满和反对,1812年3月17日,沙皇将其流放到诺夫哥罗德,标志着这一次自由主义改革失败。

② 常设委员会领导人的产生有着明显的党派背景,也是各党派在国家杜马中实力的表现。在第七届国家杜马的26个常设委员会主席中,根据各党派议员在国家杜马中的比例,主席职务具体分配情况是:统一俄罗斯党团13个,俄联邦共产党团及自由民主党团各占五个,公正俄罗斯党团三个。

在国家权力结构中的主要功能，这一功能的实现程度直接影响到整个国家权力的正常运行。

按照宪法的规定，除议会之外，在俄罗斯享有立法权的主体还有联邦总统和政府，作为司法机关的联邦宪法法院和最高法院享有其管辖事项内的法律提案权。但议会（主要是国家杜马）有权制定联邦法，其他主体则无此项权力。在俄罗斯法律渊源体系中，联邦法具有最高法律效力。从这个角度而言，俄罗斯国家杜马与联邦委员会所构成的议会独享联邦法的立法权。

第二，监督功能。国家杜马拥有监督权，可以划分为监督政府权和弹劾总统权。其一，对执行机关的监督。根据《关于国家杜马对俄罗斯联邦政府监督权限的宪法修正案》，国家杜马的监督权限包括，"听取俄罗斯联邦政府提交的年度报告，其中，包括国家杜马提交的报告"。国家杜马有权听取有关总统活动的年度报告、俄罗斯联邦中央银行的年度报告、审议联邦预算并听取和批准联邦政府的执行报告。2020年宪法修正案扩大了国家杜马的监督权，并赋予其一定组阁权，能够在酝酿候选人阶段与总统决定总理人选，以及能与总理决定副总理和各部部长人选，且总统无权拒绝国家杜马与总理拟定的候选人名单，外长、强力部门领导人除外，任命和罢免中央银行行长、审计院主席及半数审计员以及人权问题全权代表。

此外，国家杜马的特定监督职能还包括批准国际条约。一方面，国家杜马通过批准国际条约而将国际条约包含的国际法规范转化为国内法体系，并赋予其国内法普遍强制执行效力；另一方面，则是监督总统和政府作出的与其签订国际条约有关的重要政策决定。

其二，弹劾总统权。正如前文所提到，国家杜马弹劾总统权力要经过以下程序：国家杜马三分之一以上议员提议；国家杜马专门委员会作出结论；国家杜马三分之二以上多数通过指控；最高法院作出总统犯罪的结论书；宪法法院作出指控符合规定程序、罪行得到证实的裁定；联邦委员会（上院）三分之二以上议员赞同。这样，弹劾才算通过。这样复杂和难度极高的程序，实际上使弹劾总统几乎成为不可能。

二、国家杜马的权力地位

1993年宪法颁布后，俄罗斯国家权力结构发生根本改变，取消了苏联时期议行合一的苏维埃制度，确立了以总统为核心的三权分立的国家政治体制。在这种权力体制中，国家杜马地位急剧下降。在权力行使方面，以立法权为主，监督权有限。由于俄罗斯总统权力极大，国家杜马对总统权力的制衡能力是很小的，更多的是一种协作关系，是为巩固总统地位服务的。这是俄罗斯议会与西方议会在作用上的本质区别。

俄罗斯独立至今，国家杜马的职权和作用随着国家转型的需要而不断变化，但无论怎样变化，都始终要纳入总统的控制之下。在此体制下，俄罗斯国家杜马的特质为：

一是巩固超级总统制，维护政治稳定。历史教训表明，议会权力过大或者实行议会制不仅不适合俄罗斯的政治土壤，而且会导致国家机器停止运转，甚至陷入瘫痪，国家失序。叶利钦时期，立法机关与行政机关长期对立导致国家陷入僵局，这一失败教训使普京认识到，只有巩固和不断完善以总统权力为核心的政治体制，才可满足俄罗斯政治稳定的需要。普京曾多次在公开场合谈到建立总统制对俄罗斯的必要性，议会制只能在政党制度十分成熟的国家才能实现。2020年普京在国情咨文讲话中重申这一观点。他认为，受历史传统文化的影响，俄罗斯需要一个强总统制共和国，需要建立绝对稳定的、保证国家独立和主权的体系，能够应对周边及世界上发生的突发事件。此外，这种体系能够确保身居其他领域的位高权重人士随时被替换。也就是说，只有总统的绝对权威得到保障，俄罗斯的整个政治体系才能实现从有效到高效运转。因此，国家杜马在国家决策方面要与总统立场保持一致，在面临突发事件时，协助国家决定快速、顺利下达。同时，与其他权力机关相互合作以促进整个政治体系有效运转。

二是俄罗斯议会从来就不处在国家权力体系的核心位置。俄罗斯设立议会的目的是为巩固政权，而非限权。普京执政后，通过改革，将议会重新变为巩固总统权力的机构，改变了叶利钦时期国家两大权力机关长期对立的局面，使二者的关系由对立转向合作，再加上普京前两任期重塑垂直权力体系取得成效，俄罗斯政治开始走向稳定与发展之路。值得注意的是，1993年宪法赋予议会的地位是立法机关，这一点至今不曾改变，这就意味着俄罗斯国家杜马最主要的职权一直是立法权，也就是对联邦法律的通过与修改。叶利钦曾评价道，俄罗斯国家杜马的权力已经相当大，它拥有影响政治局势的诸多砝码：从对政府表示不信任，到弹劾总统。虽然行使这些权力都有一定的限制条件，但从宪法赋予议会的地位来看，叶利钦的观点不无道理。2020年新宪法通过后，议会两院的职权也呈现出不同分工。解决法律通过效率的问题落到了国家杜马身上，而与总统共同决定国家大政方针的权力则由联邦委员会行使。

三、俄罗斯议会两院议员的权利和义务①

1. 立法提案权

联邦会议两院代表享有立法提案权，其有权向国家杜马提交法律草案、法律草案的修正案、对俄罗斯现行法律修改与补充的法律草案以及承认相关法律失效的法律草案，并提出立法建议以制定和通过新的联邦宪法性法律和联邦法律。对于修改和重新审议俄联邦宪法条款的建议，联邦会议两院中任何一院五分之一以上的代表均有权提出。

2. 质询与询问权

依据宪法及有关法律，质询的主体为联邦会议两院的任何代表或是代表小组；质询的对象为俄联邦政府、俄联邦总检察长、俄联邦中

---

① Федеральный закон《О статусе члена Совета Федерации и статусе депутата Государственной Думы федерального собрания Российской Федерации》.

央银行行长、各联邦执行权力机关领导人、联邦主体各执行权力机关和地方自治机关领导人；质询需要以书面形式在两院各自的会议上提出；被质询的机关或个人应当在收到质询材料之日起15日或者质询人所规定的期限内对质询作出答复，答复可以采用口头形式，也可以采用书面形式。询问可以由国家杜马的任何一位代表或代表小组向俄联邦政府的成员提出。联邦政府的相关成员应国家杜马相应机关的邀请出席杜马会议并就质询或询问作出回答。

3. 走访国家机关的权力

两院代表在任职期间有权走访俄罗斯联邦国家权力机关、地方自治机关、企业、组织、社会联合组织、部队及其他军事组织，并有权在走访期间同这些机关、机构、组织的领导人进行会面。代表可以向上述人员索要相关信息，提出有关问题，上述领导人应当及时提供相关信息，并对代表提出的问题予以答复。对于一时难以解决而需要进一步核实和研究的问题，被走访的机关及相关人员应当自走访之日起一定时日内将结果向代表通报。此外，两院代表还有权参加对其所提问题的审议，甚至是一些秘密会议，在此种情况下，调查机关、侦查机关和法院系统机关不得干预代表的活动。

4. 与选民的联系机制

联邦委员会代表和单席位制选区当选的杜马代表负责同相应选区的选民建立联系，对于在全联邦选区当选的国家杜马代表，则由其所在的议会党团负责确定该代表与何地选民建立联系。代表可以通过与选民见面或大众传播媒介的方式向选民通报自己的活动情况，与选民沟通。代表必须认真对待选民所提建议、意见，必要时将有关建议、意见送交相关国家政权机关、地方自治机关和社会联合组织。

5. 两院议员收入与财产的公开义务

两院议员均有义务向联邦税务机构提交一份个人收入与私人财产申报单，并同时将这份申报单的复印件上交其所在的联邦委员会或国家杜马。两院议员违反规定的行为将被公布在《俄联邦联邦会议公报》上。

此外,俄罗斯宪法还对联邦会议两院的组成做出来一些特别规定,例如:同一个人不得同时兼任国家杜马代表和联邦委员会成员;国家杜马议员为职业性的常设工作,不能成为地方自治国家代表权力机关的议员;国家杜马议员不能担任教学、科研及其他创作活动之外的国家机关职务或从事其他有偿活动。

第二章　俄罗斯国家杜马制度历史追溯

20世纪初，世界资本主义已经发展到垄断阶段，俄国资本主义也得到一定程度的发展。俄国专制制度已经在阻碍生产力的发展，引起一系列社会和民族矛盾。为缓和国内阶级矛盾，平息革命浪潮，沙皇政府曾尝试性地建立君主立宪制政体，设立国家杜马及其选举制度。由于沙皇并不想放弃专制权力，国家杜马并不完全具备代议功能，其实质仍是依附皇权。二月革命的爆发宣告沙皇俄国君主立宪失败，国家杜马及选举制度昙花一现，彻底消失。

十月革命开辟了人类历史新纪元。苏维埃制度是完全不同于西方民主制度的崭新社会制度。列宁设计的苏维埃制度是摆脱资本影响、摆脱官僚主义的、由人民当家作主的制度。但是，列宁也意识到，人民群众"对于自己现在是统治阶级这一点还不习惯"，而"革命不可能立刻在一生困于饥饿贫穷而不得不在棍棒下工作的千百万人身上培养出这些品质"。① 由于人民的普遍文化水平还不能适应国家管理的任务，只能由无产阶级先进阶级代表组成的执政党，即布尔什维克党代表人民来管理国家。为了防止出现官僚主义，列宁还设想通过吸收工人参加管理来防止和反对官僚主义。因此，苏联时期的民主是不同于

---

① 中共中央马克思恩格斯列宁斯大林著作编译局编译：《列宁全集》（第三十三卷），北京：人民出版社，1985年版，第205页。

西方资本主义国家民主的新型民主制。苏联民主制包括两个部分,一部分是党内民主,一部分是苏维埃民主。两种民主制度紧密联系在一起。苏维埃选举制度经历了从委任制、普遍选举、差额选举制的三个阶段。选举制度的每一阶段的变化都体现了苏联对政治体制改革的探索。但是苏联政治体制、社会主义民主发展进程,既取得历史性成果,也有值得反思的历史教训。

第一节 尼古拉二世时期的国家杜马选举制度

1905 年日俄战争的失败,以及社会革命的爆发,极大冲击了沙皇政权的执政地位。为维护和巩固沙皇地位,沙皇尼古拉二世(1894—1917 年在位)被迫同意立宪,于 1905 年建立了国家杜马,并颁布了选举条例。由于专制主义的根深蒂固及沙皇个性缺陷①,立宪最终失败,国家杜马仅存在十余年。

一、俄国末期国家杜马产生的历史条件

在俄国历史上早就有杜马的出现,只是在不同时期有不同的含义。例如,18 世纪以前的波雅尔杜马,即大贵族杜马、领主杜马,是与沙皇一起分掌国家政权的最高国家管理机关;1785 年成立的城市杜马是按等级原则选举的城市管理机关,1870 年改革后成为按财产资格选举的资产阶级自治机关;"国家杜马"在 19 世纪初亚历山大一世的御前顾问斯佩兰斯基的国家改革草案中已经提出,但直到 20 世纪初才建

---

① 关于沙皇尼古拉二世的个性,俄历史学家多有描述。C. 维特在回忆录中写道,尼古拉二世"善良亲和,毫不愚昧,但却思想肤浅……他生来不适合当俄国沙皇。他性格的基本特点是殷勤、客气、狡猾、乏个性",参见 Витте С. , *Воспоминания. Том 3*, М. :Соцэкгиз,1960,331 с. 。К. 波别多诺斯采夫说过,沙皇"只能片面地理解事件的意义,不会整体考虑各种因素、事件和现象。他只是停留在细小的、孤立的事件或者观点上……对他而言,不存在全面的、整体的、深思熟虑的思想,不能有思想争议和争论"。参见 *Зайончковский Правительственный аппарат самодержавия в XIX веке*,195 с. 。

立，是沙皇政府召集的全国性代议机关，既沿袭了传统的"杜马"称谓，也借鉴了西方议会的形式。

俄国末期国家杜马的建立是由许多因素促成的。

（一）阶级关系的变化

1861年，农奴制改革后，西方资本主义开始对俄罗斯产生越来越大的影响，资本主义在俄国直接跨越自由竞争阶段而到垄断阶段。在这个阶段，俄国资产阶级势力增长，俄国经济力量最雄厚的阶级，并逐渐有取代旧阶层、阶级（官僚贵族）之势。与这种阶级关系变化相适应的是，国家政权的阶级性质也发生了变化。国家杜马的建立，就是旧的专制制度向资产阶级君主制转变的一个标志。同时，这种转变是缓慢的，并不意味着地主阶级和资产阶级的利益完全一致了。列宁曾指出，专制制度的利益只是在某些情况下，同有产阶级的某些利益相一致，而且常常不是同所有这些阶级的整个利益相一致，而是同他们的个别阶层的利益相一致。[①] 这样，国家杜马的建立就是沙皇政府企图解决自己和地主资产阶级矛盾的尝试，反映了资产阶级要求冲破地主阶级在政治上主宰一切的局面和资产阶级要求进入政权的期望。

（二）阶级斗争的发展

在资本主义高速发展的情况下，俄国用短短几十年时间完成了西欧经历数百年的经济跨越，导致短时间内积聚了各种矛盾和问题，尤其是贫困人口急剧增长，为大规模革命运动的爆发埋下了伏笔。1900—1903年，俄国发生了工业危机，冶金工业和机器制造业一片凋零，许多省份发生粮食危机，工人和农民生活苦不堪言，无产阶级开始登上政治舞台，成为俄国革命的主力和领导力量。1905年，俄国在日俄战争中战败，进一步刺激了群众的不满，加深了国内政治危机。

---

① 中共中央马克思恩格斯列宁斯大林著作编译局编译：《列宁全集》（第五卷），北京：人民出版社，1985年版，第306页。

在革命一触即发的背景下，1904年，尼古拉二世采纳了内务大臣斯维亚托波尔-米尔斯基的改革提案，颁布《关于完善国家制度的宣言》，承诺改革地方自治机构，重新制定关于农民、出版、非常状态等方面的法律。由于沙皇担心皇权受限，他否决了米尔斯基关于在该法令中增加建立代议机构的条款。尼古拉二世表示："在任何时候、任何情况下我都不能同意实行代议制政体。这种政体本质上对我的人民来说是有害的。"[①] 此时的尼古拉二世还是只想完善旧制，不愿彻底推翻旧制，而垄断资产阶级也没有提出改革的要求，虽然后者同专制制度有矛盾，但并不想彻底摧毁专制制度，只希望得到更多的特权。沙皇这种只寻求改良而不是自上而下改革的行为，间接地推动了人民群众以革命的方式来解决积存下来的各种问题。1905年1月9日，俄国第一次资产阶级民主革命爆发，大量民众涌上圣彼得堡街头，要求沙皇给予自由权利。这次和平示威游行遭到沙皇残酷镇压，一时民愤四起，抗议斗争开始席卷全国，沙皇专制政权面临严重威胁。为平息革命火势的蔓延，沙皇政府被迫做出让步，违心同意实行立宪和成立国家杜马，从此开启了俄国短暂的国家杜马史。国家杜马是阶级斗争的形式，又是阶级斗争的产物。

（三）自由主义、改良主义思潮的传播

俄国自1861年开始，在如何发展资本主义问题上，一直存在着两条道路的斗争。"一条道路是使新的资本主义俄国适应于旧的俄国，使前者服从后者，延缓发展的进程，另一条道路是使新的代替旧的，完全消除阻碍新事物的旧的障碍，加速发展的进程。"[②] 这两条道路反映着两种思想体系，一种是以自由派为代表的自由主义思想体系，另一

---

① 鲍里斯·米罗诺夫著，张广翔译：《俄国社会史：十八世纪至二十世纪初》（下卷），济南：山东大学出版社，2006年版，第231页。
② 中共中央马克思恩格斯列宁斯大林著作编译局编译：《列宁全集》（第十七卷），北京：人民出版社，1985年版，第99页。

种是以革命民主主义者和社会主义者为代表的民主主义和社会主义思想体系。

自由派代表着资产阶级的利益,要求政治自由,但他们与旧制度有着千丝万缕的联系,害怕革命更甚于害怕反动势力。他们不希望彻底改变地主阶级在国家中的统治地位,只要求改变政权机关的形式,如颁布宪法,设立代议机关,使资产阶级能够同沙皇瓜分政权。在革命运动风起云涌的年代,这种自由主义对专制制度不但无害反而有益。沙皇政府为了破坏革命,维护自己的统治地位,在用武力镇压革命者的同时,也玩弄自由主义,力图把革命运动引上和平的合法的轨道。亚历山大二世就是一位亲自扮演自由主义角色的沙皇,他主张在保存专制制度的条件下兴办工业,积极采取增加国库收入、保护关税、修筑铁路、开矿办厂、引进外资等一系列有利于俄国资本主义发展的措施,支持资产阶级自由主义的主张和行动等。

二、俄国末期的国家杜马选举制度

俄国末期的国家杜马共有四届,每届杜马的法定任期是五年。只有第三届杜马履行完任期,其他三届都很短暂:第一、第二届国家杜马被沙皇尼古拉二世解散,第四届国家杜马由于资产阶级二月革命而自动消亡。

国家杜马是沙皇政权被迫而建,沙皇并不愿将国家杜马建成真正的立法机构。为了巩固专制政权,沙皇想方设法建立可控的国家杜马,在这一过程中,国家杜马选举制度的作用非常重要。每一届国家杜马的建立,都伴随着选举制度的变化。或者说,国家杜马选举制度的变化有利于杜马为沙皇所掌控。

(一) 1905年国家杜马选举条例

1905年1月,俄国第一次资产阶级革命爆发,沙皇血腥镇压引起全国规模的抗议斗争,沙皇专制制度的统治陷于严重危机。为了破坏革命，农业与国有财产大臣叶尔莫洛夫向沙皇尼古拉二世提出了建立全国性的代议机关的建议，并得到大部分大臣的同意。尼古拉二世授权内务大臣布里根制定吸收选举的代表参加立法的诏书草案。2月18日，沙皇在布里根起草的诏书上签字。但诏书中提出，"在必须保存帝国根本法不可动摇的条件下，……吸收由居民选举的最为尊敬的、得到人民信任的人们参与预先研究和讨论立法议案。"① 这里的帝国根本法指的是19世纪编撰的巩固沙皇专制政权的《国家根本法》。沙皇的意图在于：专制制度的根本原则不能改变，可以改变的只是统治方法；选举的代表只能参加讨论立法议案，并没有实际权力。

1905年夏天，先后爆发了伊凡诺沃-沃兹涅先斯克工人大罢工、罗兹武装起义、黑海舰队"波将金"号起义等重大事件，标志着俄国革命又大大向前迈进了。在此背景下，沙皇被迫加快建立代议机关的步伐。1905年8月6日，尼古拉二世发表了设立咨议性杜马的宣言，决定在1906年1月前设立国家杜马。同时沙皇还颁布了内务大臣布里根起草的"关于设立国家杜马"的法令、国家杜马章程、国家杜马选举条例。由于布里根主导设计了杜马，因此这个拟建立的杜马也称为"布里根杜马"。法令规定杜马的建立是"未来预先研究和讨论通过国务会议提交最高专制政权的符合根本法的立法议案"，这样，沙皇仍拥有至高无上的专制权力，国家杜马实际上没有任何立法实权，本质上只是附属沙皇政府的咨询机关，其法律地位还不如当时的国务会议，沙皇可以随心所欲地解散杜马。"将国家杜马置于官僚机构——国务会议下属的筹备委员会的地位，将人民代表机关与国家政权分离，阻碍了沙皇与人民的真正一致。"②

1905年国家杜马选举条例所规定的选举建立在等级原则基础

---

① 孙成木：《俄国国家杜马的形成及其实质》，载《世界历史》，1983年第6期，第12页。
② 刘显忠：《近代俄国国家杜马：设立及实践》，北京：社会科学文献出版社，2007年版，第56页。

上,① 选举不是直接的,也不是普遍、平等的,只有年满 25 岁且拥有不动产的男性才有选举权。所有选民分为三个选民团:土地所有者、市民、农民。地主和资本家可以按照土地、税收、不动产的数量确定的财产资格参加两级选举。"凡拥有一俄亩土地或资产不少于 1.5 万卢布的非工商业不动产拥有者,可以参加县代表大会,并选举参加省代表大会的复选人,在省代表大会上选举杜马代表。在县里拥有不动产不少于财产资格十分之一,即 20—30 俄亩的土地所有者及东正教神职人员也可以选举全权代表参加县代表大会。"②

城市选民团也是两级选举制,分为城市代表大会和省代表大会。在城市选民团中只有大资产阶级和中等资产阶级拥有选举权。选举条例第 19 条规定,"只有在首都城市拥有不动产不低于 3000 卢布,而在其他城市不低于 1500 卢布的业主;有工商企业执照,其企业支付的主要工业税在首都城市不少于 500 卢布,在其他城市不少于 50 卢布的人;在城市和城市的县里,按最高级别支付营业税的人;在县里而不是在城市有资产为 1500 卢布的工商企业的人或持有营业执照,支付不少于 1000 卢布营业税的人才能参加城市选民代表大会。"十级以上的国有住房的纳税人也被列为城市选民。③

农民选民团的选举分为四级进行。户主从自己的村社选出参加乡会的代表,每个乡的代表大会从这个乡的每个农村公社选出两名全权代表,乡的全权代表在县的代表大会上选出规定的复选人参加省代表大会,在省的代表大会上选出国家杜马代表。④

根据这部选举条例,在俄国大约 1.3 亿人口中,选民只有 400 万,工人、贫雇农和一切没有财产的人、妇女、不及 25 岁的青年、现役军人、学生、牧民、外国臣民,以及省长、副省长、市长、副市长和在

---

① Енгибарян Р. В., Тадевосян Э. В., *Конституционное право*, М. : Юристъ, 2000, 12 с.
② Шевырин В. М., *Государственная дума в России* (1906-1907), М. : ИНИОН, 1995, 24 с.
③ Смирнов А. Ф., *Государственная дума* (1906-1907), М. : Кн. и бизнес, 1998, 608 с.
④ 同③。

进行选举的省市任职的警察都不能参加选举。因此，布里根杜马并未缓解俄国社会反政府情绪。同年10月全俄政治罢工爆发，并且是在"打倒布里根杜马""民主共和国万岁！"的革命口号下进行的。

在此背景下，10月17日，沙皇被迫发表了《关于完善国家制度》的诏书，做了三点许诺：一是宣布给予公民以言论、信仰、集会和结社等各项自由权利；二是继续进行已经决定的国家杜马选举，并在杜马召开以前就吸收居民中迄今完全被剥夺选举权的阶级参加杜马选举，即扩大8月6日法令中的选举权；三是确定国家杜马是立法机关，未经杜马批准，任何法律无效，保证人民选举的代表对政权机关的活动有实际参与监督的可能。① 这样，10月17日宣言实际上宣布在俄国实行君主立宪的国家制度。沙皇的权力要受到法律、代议机关的约束。国家杜马已经从咨询性代议机关变成具有立法权力的代议机关。此外，人民也获得一定的自由权利。12月11日，沙皇批准了《关于修改国家杜马选举条例的命令》，根据这一命令建立的选举制度应该是1917年以前最先进的选举制度。新选举法取消了财产限制，扩大了选民范围，增加了一个工人选民团。工人选民团实行三级选举制。工人在企业中推举出全权代表，全权代表在城市和省代表大会选出复选人，工人的复选人与其他阶级的复选人在省选民大会上一起选举杜马代表。同时，选举仍存在巨大的缺陷：一是选举不具有普遍性，军人、学生、临时工人、部分游牧居民、女性不能参加选举。二是不是平等的选举，不同社会阶层的选民所拥有的选举权限并不相同。土地所有者选团由2000名选民中产生一名复选人，而城市、农民和工人选团则分别由7000、30 000和90 000名选民中产生一名复选人，即地主的一票等于城市资产阶级的三票、农民的15票、工人的45票。三是选举不是直接的。大地主和城市选团是两级选举。工人和小土地所有者是三级选举。农民则是四级选举。四是选举事实上也不是秘密的，而是受到政

---

① 曹维安：《俄国史新论——影响俄国历史发展的基本问题》，北京：中国社会科学出版社，2002年版，第121页。

府、警察的严密监视。

但是,沙皇并不会轻易放弃手中的权力。在举行第一届国家杜马选举前,也就是1906年2月20日,沙皇尼古拉二世颁布了"关于改变国务会议机关和重新审定国家杜马机关的宣言""关于改组国务会议机关""关于设立国家杜马"的法令。这些法令规定,从国务会议和国家杜马召集时起,不经国务会议和杜马同意的法律无效。国家杜马审查并赞同的立法议案,提交国务会议。国务会议倡议并通过的立法议案,提交杜马。国务会议和国家杜马赞同的立法议案,提交沙皇"斟酌"。国务会议的议员一半是由沙皇指定的,另一半是由贵族、僧侣、工商资产阶级中选举产生的。选举的国务会议议员任期九年。国家杜马可以提出废除或改变现行法律并颁布新的法律议案,但是《国家根本法》除外。国家杜马有权对各大臣和各主管部门提出质询,但是"大臣们和主管们有权拒绝向杜马报告"。国家杜马在其代表任期届满以前,皇帝可以下令解散,并确定下一届杜马的选举和召集时间。

从2月20日的法令可以清楚地看出:第一,国务会议已经从过去纯粹的咨询机关变成同国家杜马平起平坐的立法机关,成为上院。第二,国家杜马的权限和活动范围大大缩小了。国务会议有权否决杜马的任何决议。第三,政府做的事情完全可以不管杜马同意不同意。第四,沙皇仍然是最高主宰。

1906年3月8日,沙皇政府颁布了关于审查国家预算的条例。这是对国家杜马进一步的限制。条例规定:"讨论国家预算案时,凡根据现行法律、编制、人员以及各种按最高管理程序发布之圣上旨令而编入草案之收支项目,一律不得取消或更改。"按照这种规定,国家杜马的预算权几乎等于零。

1906年4月23日,沙皇颁布了新的《国家根本法》。该法虽然删去了"俄罗斯皇帝是专制的而又是无限制的君主"中"无限制"的提法,但专制政权保留下来,沙皇仍然是拥有很大权力的专制君主。"最高专制权力属于全俄罗斯皇帝""所有立法项目的发起属于皇帝陛下"

"全俄罗斯国家境内的管理权属于皇帝陛下"。沙皇还是俄罗斯国家同外国交往的决策者,是全国陆海军的统帅,拥有宣战、签订条约、发布命令、任免大臣等特权。这样,在第一届国家杜马召开以前,沙皇政府就牢牢掌握了一切重要的权力。

根据1905年12月制定的国家杜马代表选举法,1906年2—3月,沙皇政府举行了第一届国家杜马选举。选举结果,立宪民主党占有优势,获得179个席位,无党派人士105个席位,劳动派97个席位,自治分子63个席位,社会民主党人18个席位,十月党人16个席位。1906年4月27日,拥有478名代表的第一届国家杜马开幕,土地问题成为这届杜马的中心议题。由于沙皇反对杜马提出的"以私有土地强制国有化为原则解决土地问题"的草案,也不满意第一届杜马的成员组成及其工作,于1906年7月8日解散了杜马,第一届国家杜马只存在72天。

第一届国家杜马解散后,俄国内的革命形势还没有消失,为了拉拢资产阶级和取得西方的借款,沙皇政府仍宣布根据现行的选举法举行第二届国家杜马选举。第二届国家杜马成立于1907年2月20日,共计518名成员,其中,劳动派104个席位,立宪民主党98个席位,较上届丧失了81个席位,自治分子76个席位,社会民主党65个席位,十月党人54个席位,无党派人士50个席位,社会革命党37个席位,人民社会主义者16个席位,哥萨克团17个席位,民主改革党有一个席位。第二届国家杜马讨论的核心问题仍是土地问题,由于这一届杜马左翼政党占据优势,仍坚持将地主土地收回国有。在沙皇看来,这一届杜马仍不够不听话。1907年6月3日,尼古拉二世颁布诏书,再次解散杜马。沙皇给出的理由是,这一立法机关的执行人员并不是真实表达人民需要和愿望之人,他们不能真正代表人民的利益,因此必须改变"选举代表的方法"①。

---

① Рыбка О. Ю., "Государственная Дума в системе власти России в начале XX столетия", *ПСЗ*, т. XXVII, № 29240, 1910, 114 с.

（二）"六三选举法"

1907 年 6 月 3 日，国家杜马代表新选举法（"六三选举法"）出台。新选举法秉持沙皇旨意，在不改变国家根本性质的情况下，通过减少选区数目以及工人、农民和城市小资产阶级的代表席位，使得更多沙皇"信任的人"进入杜马。新选举法本质上与 1905 年 12 月 11 日的选举法没有根本性差别，且进一步限制了选民范围，女性、学生、不满 25 岁者、现役军人、破产者、有犯罪记录者、非俄罗斯公民等都无权参加选举。同时，该选举法仍将选民分为地主、城市居民、农民和工人四类。其中，地主的选民名额由原来的 13% 增加到 63%，决定了杜马选举结果将有利于地主阶级；城市居民中更高阶层代替中间阶层；农民选民名额从 42% 缩减到 22%，几乎减少了一半；工人从 4% 缩减为 2%。选区由 135 个缩减为 96 个，具有单独选举代表资格的城市由 26 个缩减为七个（圣彼得堡、莫斯科、基辅、敖德萨、里加、华沙、罗兹）。① 可以说，1907 年的选举法距民主选举的标准很遥远。

根据 1907 年国家杜马代表选举法，选出了第三届国家杜马（1907—1912 年）和第四届国家杜马（1912—1917 年）。第三届国家杜马代表 442 人，其中，十月党人 154 个席位，占据主导地位；温和的右翼和民族主义者 97 个席位；立宪民主党人 54 个席位；极右翼 50 个席位；进步派 28 个席位；社会民主党 19 个席位；劳动派 14 个席位；波兰各民主党派的议员团 11 个席位；伊斯兰教徒 8 个席位；立陶宛–白俄罗斯选举团 7 个席位。为了让这届杜马听从于沙皇，政府促成十月党人、温和右翼和民族主义者、极右翼分子组成多数派，占据杜马主导地位。第三届国家杜马又被称为"卑躬屈膝的杜马"②，是沙皇

---

① 《Положений о выборах в Государственную Думу от 3 июня 1907 года》(Именной высочайший указ правительствующему сенату от 3 июня 1907 г.).

② 谢尔盖·维特著，张开译：《俄国末代沙皇尼古拉二世》（续集），北京：新华出版社，1985 年版，第 437 页。

政府镇压革命力量的驯服工具。[①]

1912年6月，第三届国家杜马任满五年法定任期，自行解散。同年10月，第四届国家杜马举行选举，并于11日15日开始工作（1912—1917年）。此次选举同样按照1907年选举法进行，其组成结构与第三届国家杜马大致相同，都是极右派占主导地位，坚定地为沙皇的各项内外政策服务，但在后期还是因改革问题与沙皇产生矛盾，再次面临着被解散的危险。1917年3月10日（俄历2月25日）全俄爆发政治总罢工，沙皇血腥镇压。同日，沙皇颁布诏令中止国家杜马和国务会议的活动，这也是俄国末期国家杜马工作的最后一天。1917年10月6日，临时政府颁布解散国家杜马的决议，准备建立立宪会议。

尼古拉二世的国家杜马及其选举制度表明，沙皇不愿意进行任何削弱自己权力的改革。这也是俄国建立君主立宪制度失败的重要原因。这个时期的国家杜马虽然并不是真正意义上的立法机构，选举也并不是充分民主选举，是有限制的选举，但沙皇尼古拉二世不得不开始关注政党和社会运动的动向，不得不考虑国家杜马的意见，沙皇专制权力第一次受到限制，从这一点来讲，也是进步的。总之，俄国末期国家杜马及选举制度的确立，可以说在俄国这块千年专制的土地上种下了民主的种子，是当代俄罗斯国家杜马选举制度的萌芽。

第二节 苏联的选举制度

苏联选举制度的发展可分为三个阶段。

第一阶段，实行委派制。

苏维埃俄国建国初期，选举是有条件限制，并不平等。1918年苏俄宪法规定，全俄苏维埃代表大会是国家最高权力机关。全俄苏维埃

[①] 李永全：《俄国政党史》，北京：社会科学文献出版社，2017年版，第84页。

代表大会由州市等地方苏维埃代表组成,实行多级选举制,即由下一级苏维埃代表大会选举产生上一级苏维埃代表,① 采用公开表决的方式,不实行秘密投票。同时,只有劳动者才能参加选举,剥削阶级、反革命、僧侣、犯罪分子都被剥夺选举权和被选举权。② 州级苏维埃每12.5万选民中选出一名代表,城市苏维埃则每2.5万个选民选一名代表。③

但是,苏俄宪法规定的全民选举制在苏维埃俄国并不能彻底地推行下去,这也是由当时的俄国国情决定的。苏维埃俄国建立之初,还是一个民主传统缺乏、文盲多的国家。1920年,苏维埃俄国人口中文盲约占70%。④ 在这样的国度里,立即实行直接全面选举制,不仅存在技术困难,而且民众也不具备实行普选的最起码的政治意识,哪怕是不平等的选举实现起来也很困难。在此情况下,苏维埃国家政权机关的产生和干部的任命都发生了重要变化,就是由选举制向委派制转化。

1919年3月18—23日,俄共(布)第八次代表大会在莫斯科召开。大会决议规定,党中央将负责分配军政党工作人员的全部工作。在这一前提下,地方党组织负责其组织内党员工作调配任务。⑤ 1920年4月2日,俄共(布)第九次代表大会通过决议,将根据形势需要对本应由选举产生的职位实行专门任命。⑥ 截止到1921年12月,中央委员会任命了近323 372名干部。⑦

---

① 刘克明、金挥:《苏联政治经济体制七十年》,北京:中国社会科学出版社,1990年版,第319页。

② Глава 13.《Конституция Российской Социалистической Федеративной Советской Республики》(принята Всероссийским съездом Советов в заседании от 10 июля 1918 года).

③ 王志华:《苏维埃宪法的历史命运》,载《法治现代化研究》,2017年第1期,第29页。

④ 中共中央马克思恩格斯列宁斯大林著作编译局编译:《列宁文集》(第三卷),北京:人民出版社,1985年版,第789页。

⑤ 中共中央编译局:《苏联共产党代表大会、代表会议和中央全会决议汇编》(第一分册),北京:人民出版社,1958年版,第568页。

⑥ 中共中央编译局:《苏联共产党代表大会、代表会议和中央全会决议汇编》(第二分册),北京:人民出版社,1958年版,第41页。

⑦ 康斯坦丁·契尔年科著,陈联璧等译:《党和国家机关工作问题》,北京:中国对外翻译出版公司,1984年版,第33页。

第二阶段，实行普选制。

委派制原则一直保留到 1936 年苏联宪法的颁布。1936 年宪法根据苏联国内经济和社会结构的变化，即工人阶级及其政党领导地位的巩固，规定苏维埃选举将基于普遍、平等、直接、秘密的原则，采用无记名秘密投票方式，由选民直接选举代表。同时，取消了包括性别、民族和财产等所有限制。除依法被剥夺选举权外，凡是年满 18 周岁的公民，不分性别、种族、民族、宗教信仰、教育程度、居住期限、财产状况、社会出身和过去的活动，都享有选举权和被选举权。所有公民在平等基础上参加选举，每个公民一票，城乡按统一比例产生代表。苏联共产党、工会、合作社、青年组织、文化组织都具备推荐候选人的权利。同时，改变过去按生产单位选举的做法，按地区选举原则，每个选区选举一名代表。① 根据 1936 年宪法规定的选举制度，选举并组建了第一至第九届苏联最高苏维埃。

1937 年 12 月 12 日，最高苏维埃②举行第一次选举。此次选举按照 1936 年宪法规定的原则举行。全苏成立了 1143 个州选举委员会，13.7 万余个分会，9400 万选民中有 9100 万人参加选举，投票率为 96.8%。中央政府拨款 88.59 万卢布用来组织选举。联盟院的代表选举，全国按每 30 万人为一选区划分，每个选区选出代表一人。民族院选举按每选区选出一名代表的原则，每个加盟共和国划分为 25 个选区，每个自治共和国分为 11 个选区，每个自治州内分为五个选区，民族区内一个选区。候选人名单由共产党和社会公共组织协商提出，候选人中既有党员，也有非党员③。竞选活动包括候选人可以在会议、集

---

① 唐元昌：《苏联苏维埃选举制度的沿革》，载《社会科学》，1989 年第 7 期，第 20 页。
② 1936 年苏联宪法规定，最高苏维埃是苏联的最高权力机构，由联盟院和民族院组成，两院权力平等，均享有立法权。每届任期四年，每年召开二次会议。休会期间，由其常设机构最高苏维埃主席团行使其职权。苏联最高苏维埃主席团由主席一人、副主席 15 人（每个加盟共和国代表一人）、主席团秘书一人和委员 16 人组成。
③ 刘克明、金挥：《苏联政治经济体制七十年》，北京：中国社会科学出版社，1990 年版，第 319 页。

会、海报、媒体上进行宣传活动等。最终，由共产党和社会公共组织提出的 1143 名候选人全部当选，其中，联盟院代表 569 名，民族院代表 574 名。

1937 年最高苏维埃的选举具有重要历史意义，为当代俄罗斯议会选举奠定了基础。一是此次选举基本形成完备的选举程序，包括：确定选举时间；建立选区、投票站；构建中央选举委员会；提名和登记候选人；竞选宣传；在指定的投票站进行投票；公布投票结果等。二是历史上首次在公民自愿参与下，以普遍、直接、平等、秘密的原则举行选举。三是取消了选举方面的许多限制，是苏维埃选举制度的重大进步。但不得不指出，此次选举也存在一定局限。如候选人提名方面，并没有充分吸取选民的意见；实行等额选举，提名一个候选人选出一名代表，缺乏竞争性；选举由按行业改为地区进行以后也产生一些消极后果，丧失了苏维埃同各种各样的行业有紧密联系的优势。

1977 年苏联宪法基本保留了 1936 年宪法规定的选举制度，只是将当选为苏联最高苏维埃代表的年龄资格由 23 岁降到 21 岁。规定公民有权对候选人进行公开、自由的讨论，允许候选人可以在会议、新闻媒体、电视广播中进行竞选宣传。同时规定，选举委员会负责组织选举，其成员由公共组织、劳工集体代表以及军事代表组成。[①] 根据该宪法规定的选举制度，选举出第十届和第十一届苏联最高苏维埃。

第三阶段，差额选举制代替等额选举制。

苏联进入戈尔巴乔夫时期，也进入了政治改革时期。苏维埃选举制度改革是苏联政治改革的重要组成部分。1987 年 1 月 27 日至 28 日，一月全体会议召开，苏共中央总书记戈尔巴乔夫在苏共中央委员会全体会议上提出要对最高苏维埃选举制度进行根本性改革：一个是差额选举，即候选人数多于当选代表数；另一个是扩大选区，每个选区可

---

① Глава 13. 《Конституция（Основной закон）Союза Советских Социалистических Республик》（принята на внеочередной седьмой сессии Верховного Совета СССР девятого созыва 7 октября 1977 г.）.

有几名代表。

1988年6月28日，苏共召开第十九次全国代表会议，会上通过了包括《关于苏维埃社会民主化与政治体制改革》在内的一系列改革决议，进一步推动苏联政治体制深层次改革。

1988年12月1日，苏联最高苏维埃十一届十二次非常会议通过了《苏联宪法修正案》和《苏联人民代表选举法》，决定改革国家最高权力机关，成立苏联人民代表大会（由2250名人民代表组成），并将其作为最高权力机关。[1] 原先的最高权力机关最高苏维埃成为常设机构，由苏联人民代表大会选举产生。这些改革内容以法律条文的形式写进了《苏联宪法修正案》《苏联人民代表选举法》。

《苏联人民代表选举法》对选举制度作了一系列改革。一是选区范围扩大，其中按人口比例划分750个选区，国家领土地区也划分750个选区，具体构成是：每个加盟共和国32个选区，每个自治共和国11个选区，每个自治区五个选区，每个民族区一个选区。以上每个选区选出一名人民代表。二是社会公共组织首次拥有代表权，750名代表可以在全国性社会公共组织内选举产生[2]。三是实行不记名投票差额选举，一个选区可以有几名代表候选人。选举委员会定期向选民公布选举活动进展。[3] 候选人可以组织不超过十人的竞选班子来帮助自己进行竞选活动，获准登记后，有权在会议、新闻媒体、电视、广播中进行宣传活动。[4] 竞选经费由国家提供。四是在候选人资格上增加限制条款。不允许代表候选人拥有官职。苏联部长会议成员（主席除外）、全

---

[1] 1988年，在苏共第十九次全国代表会议上，戈尔巴乔夫提出将竞争机制引入政治领域，以革新国家的权力结构。会议通过了一项决议，决定"把一切权力归还苏维埃"，成立由全民选举产生的国家最高权力机关——苏联人民代表大会，由人民代表大会选举组成最高苏维埃作为人民代表大会的常设机关。

[2] 《苏联人民代表选举法》第40条对各社会公共组织可产生代表名额作了具体规定：苏联共产党100名，苏联工会100名，集体农庄等合作组织100名，列宁共青团75名，老战士及劳模组织75名，妇女联合会75名，科研人员协会75名，苏联创作协会75名，其他合法且具有全苏机关性质的社会组织75名。

[3] Статья 47.《Закон о выборах народных депутатов СССР》.

[4] Статья 11.《Закон о выборах народных депутатов СССР》.

苏联各部门领导人、苏联最高法院院长和成员、苏联首席国家仲裁官和国家仲裁员、苏联宪法监督委员会主席及成员等，均不能竞选人民代表，如要参加竞选必须辞去职务。

1989年3月26日，根据《苏联宪法修正案》和《苏联人民代表选举法》，苏联第一次举行人民代表大会代表选举，全国1500个选区举行了选举投票，共选出1958名代表。截至当年5月14日，缺额的292名代表的补选也全部结束。这次选举活动最大的特点就是极大调动选民的积极性，选举投票率很高，大多数地区都在90%以上。① 选民一改对选举的冷漠态度，积极来到投票站投票，对那些官僚主义严重及无作为的候选人投了反对票。1989年5月25日至6月9日，苏联首届人民代表大会召开，选举成立了苏联最高苏维埃（542名代表组成），② 戈尔巴乔夫当选为最高苏维埃主席。

总的来说，戈尔巴乔夫时期苏维埃选举制度由等额选举制改革为差额选举制是苏联选举制度发展的一个重大突破，极大调动了民众参与政治的积极性，为政治竞争创造了条件，同时也为当代俄罗斯议会选举制度的建立提供了历史借鉴。但是选举制度改革措施落实缓慢，间接刺激了极端自由化和民主化政治力量的活跃，加剧政治局势紧张，而苏共又无法完全控制这种变化，苏联政治体制面临摇摇欲坠的风险。

---

① "Первые свободные выборы народных депутатов СССР"，https：//ria.ru/20090326/166106064.html.

② 苏联最高苏维埃由苏联人民代表大会从苏联人民代表中选举产生，并向苏联人民代表大会报告工作。它由人数相等、权利平等的联盟院和民族院组成。联盟院从按地区划分的选区的人民代表和社会团体的人民代表中，根据加盟共和国或地区的选民人数选举产生。民族院从民族地区的选区的人民代表和社会团体的人民代表中，按下述名额选举产生：每个加盟共和国11名代表，每个自治共和国四名代表，每个自治州两名代表，每个自治专区一名代表。苏联人民代表大会每年更新两院五分之一的成员。苏联最高苏维埃主席团过去的职权改为由苏联总统行使，苏联最高苏维埃主席团成为组织最高苏维埃的工作机构。苏联最高苏维埃主席由苏联人民代表大会从代表中选举产生。

第三章　俄罗斯国家杜马选举制度的演变

从历史发展轨迹不难看出，俄罗斯对国家杜马选举制度的选择经历了一个曲折的过程，包括国家杜马选举条例在内，国家杜马代表选举法经历了六版更替、50 次修订，国家杜马选举制度也发生了不可忽视的变化，对俄罗斯政党制度和政治格局的形成发挥了重要作用。鉴于杜马选举的重要性和典型性，本章将对国家杜马选举制度的主要内容及其变迁进行阐述，并在此基础上重点分析其发展变化对俄罗斯国家杜马选举以及政治发展的影响。

第一节　叶利钦时期：国家杜马选举制度的建立

在结束府院之争后，叶利钦政府相继出台了《俄罗斯宪法》《1993 年俄罗斯联邦会议国家杜马代表选举条例》《俄罗斯联邦公民选举权基本保障法》，以法律的形式确定了国家杜马选举的基本原则和程序，标志着俄罗斯联邦国家杜马选举制度确立，指导未来的国家杜马选举。

一、人民代表选举制

1989 年 10 月，俄罗斯最高苏维埃通过了《俄罗斯苏维埃联邦社会主义共和国人民代表选举法》，为第一次俄罗斯人民代表大会选举作准备。

该选举法规定：除被法院认定为无行为能力者与监狱服刑人员外，凡年满18岁的俄罗斯公民均拥有选举权和被选举权。选举将以普遍、平等、直接、秘密的原则进行。社会组织、劳动集体、选民大会，包括选民个人都有权在本选区内提出候选人，候选人的数量不限，实行差额选举。在国家各级执行权力机关内，除各级执行权力机关首脑外，其他工作人员及各级法院的法官都不得当选人民代表大会代表。允许进行各种形式的竞选宣传活动，组织选举活动的一切费用由国家财政负担。

根据该选举法，1990年3月4日，俄罗斯举行了第一届人民代表大会选举，产生了1068名人民代表，其中，900名代表是在全俄境内按人口规模划分的选区中由选民直接选举产生的，其余168名代表则是在各联邦主体按不同比例选举产生。[①] 同时，920名代表（占比86%）为苏共党员，148名为无党派人士。

《俄罗斯苏维埃联邦社会主义共和国人民代表选举法》是俄罗斯第一部立法机关民主选举的法律性文件，它确定了一系列选举基本原则及程序，包括选区的划分、候选人资格的规定以及候选人提名程序等，具有重大历史意义，为独立后俄罗斯国家杜马选举制度的形成奠定了基础。

二、俄罗斯国家杜马代表选举条例

1991年12月底，苏联解体，俄罗斯独立。独立后的俄罗斯经历了激烈的政治动荡和经济危机。1993年，俄罗斯立法权力机关俄罗斯最高苏维埃与总统叶利钦之间的权力斗争达到白热化，最终导致十月流血事件。叶利钦以武力手段解决了与俄罗斯立法机关的冲突。

1993年10月1日，在解散了由反对派控制的议会后，叶利钦政府

---

① 白先愚：《民主转型期的俄罗斯选举和选举制度》，载《当代世界与社会主义》，2005年第2期，第21页。

颁布了《1993年俄罗斯联邦会议国家杜马代表选举条例》，准备1993年12月份举行国家杜马选举。该条例对国家杜马的构成、选举方式和程序都作出了明确规定，① 它是当代俄罗斯第一次国家杜马选举的立法基础，也是俄罗斯国家杜马选举制度的雏形，在俄罗斯国家杜马选举制度史上占据举足轻重的位置。

国家杜马选举条例规定杜马选举采用混合制选举原则，与俄罗斯人民代表选举法相比，该条例在选区的划分、提名候选人的程序等方面作了一些新规定。如：被选举代表的年龄下限提高为21岁；取消多名制选区，只设单名制选区，且每个联邦主体内选区之间选民人数的差距不得大于15%；不得在不相邻的地区建立选区，选区分布必须在选举日前60日公布于众。② 国家杜马代表选举条例首次规定采用"混合式代表选举制"原则，即450名国家杜马代表中，225名代表在单名制选区选举产生，其余225名代表则在全联邦选区中按照比例代表制原则产生。

在单名制选区选举方面，全国划分为225个单名制选区，按照相对多数代表制原则直接选举产生225名代表。每个选区代表候选人的提名方式有两种：一是由选民团体提名，其成员不少于1%选民。二是由每个选举联合组织③提名一名候选人。每个候选人最多拥有十名选举代理人。如果有效选票总数低于登记选民人数25%，选举将不具备法律效力。④ 选举联合组织有权在选举前的任何时候撤回候选人资格。

在全联邦选区选举方面：只能由选举联合组织提名代表候选人，

---

① *Государственная Дума*：*история и современность*, М.：Белый Яр, 2006 г., 11 с.
② 《Положение о выборах депутатов Государственной думы в 1993 г》.
③ 1993年俄罗斯国家杜马代表选举条例首次规定了选举联合组织的定义，即在司法部注册的全联邦性质的政治运动或在选举期间成立的由类似的政治运动组成的政党联盟。选举联合组织的存在，为促进俄罗斯政党体制的发展，以及为吸引各种政党与社会政治组织参与国家的政治生活奠定了法律基础。1993年12月，在第一届国家杜马选举期间，在司法部登记的全联邦性质的政党、政治运动等社会组织有147个，其中13个政党与社会组织作为选举联合组织提出了各自的杜马代表候选人名单，并参加了国家杜马的竞选。
④ Статья 39.《Положение о выборах депутатов Государственной думы в 1993 г.》.

可以推荐多个候选人，包括非本组织成员。候选人必须征集到不少于十万个支持签名，才有可能在中央选举委员会注册成功。只有获得5%以上选票支持的选举联合组织才能进入杜马，根据其获得选票的多少，按比例产生225名代表。

1993年12月12日，俄罗斯举行了第一届国家杜马选举，采用混合式选举制。投票选民的数量为58 187人，投票率54.7%，共产生444名代表。单名制选区当选代表为219人（包括车臣共和国在内的五个地区没有进行选举），其中，137名代表为地方执行机关领导人及有影响的大企业、组织机构的负责人。82名代表则是来自于七个选举联合组织（"俄罗斯选择"运动、俄联邦共产党、俄罗斯农业党、俄罗斯自由民主党、"民主俄罗斯"运动、"俄罗斯民主改革"运动、"俄罗斯妇女"运动）。在全联邦选区中，13个选举联合组织提出了共1757个代表候选人，角逐225个国家杜马代表席位。结果八个选举联合组织胜出，如表6所示，结果是：俄罗斯自由民主党得票率22.92%（59席），"俄罗斯选择"运动得票率15.51%（40席），俄联邦共产党得票率12.40%（32席），俄罗斯农业党得票率7.99%（21席），"俄罗斯妇女"运动得票率8.13%（21席），"亚博卢"集团得票率7.86%（20席），俄罗斯统一和谐党得票率6.73%（18席），俄罗斯民主党得票率5.52%（14席）。[①] 从选举结果可以看出，左翼政党代表俄联邦共产党与具有民族主义倾向的自由民主党在这届杜马中占据优势。之所以会出现这种结果，与当时的内外形势密不可分。对内，叶利钦政府推行"休克疗法"式的激进经济变革，经济发展水平大幅滑坡，社会上出现了庞大的贫困阶层；对外，叶利钦采取了全盘西化的外交政策，国际地位不升反降，俄罗斯已站在"二流国家"的边缘。俄罗斯民众开始质疑叶利钦的各项内外政策，怀念苏联时代相对美好的生活及大国荣光，他们把这种希望寄托在左翼和带有民族主义色彩

---

① "История выборов в Государственную Думу в современной России", https://tass.ru/spravochnaya-informaciya/508433.

的政党。

表6　1993年12月12日俄罗斯第一届国家杜马选举结果一览表

排名	政党名称	全联邦选区得票率（%）	所获席位（个）	单名制选区所获席位（个）	总席位（个）
1	俄罗斯自由民主党	22.92	59	5	64
2	"俄罗斯选择"运动	15.51	40	24	64
3	俄联邦共产党	12.40	32	10	32
4	"俄罗斯妇女"运动	8.13	21	2	23
5	俄罗斯农业党	7.99	21	16	37
6	"亚博卢"集团	7.86	20	7	27
7	俄罗斯统一和谐党	6.73	18	4	22
8	俄罗斯民主党	5.52	14	0	14

资料来源：根据前文内容整理。

作为过渡期议会，本届国家杜马任期二年，国家杜马主席是伊万·彼得罗维奇·雷布金。两年期间，国家杜马共通过464项法律，其中总统签署320项。

此外，1994年12月6日，叶利钦政府还出台了《俄罗斯联邦公民选举权基本保障法》，以法律的形式再次确定了选举基本原则和选举程序。该法还对选举联合组织和选举联盟的性质及地位作了进一步界定。① 自此，《俄罗斯宪法》《1993年俄罗斯联邦会议国家杜马代表选举条例》《俄罗斯联邦公民选举权基本保障法》的相继出台，标志着俄罗斯联邦国家杜马选举制度的建立。

---

① 《俄罗斯联邦公民选举权基本保障法》规定,选举联合组织是指按照联邦法律程序建立,其章程规定通过提名候选人参加国家政权机关选举,并在宣布选举日前六个月在俄罗斯联邦司法部登记的全俄选举联合组织。选举联盟是指在国家杜马代表选举期间,由两个以上选举联合组织组成的联盟。加入选举联盟后,组成联盟的各选举联合组织将不得以独立身份参加选举活动或参加其他选举联盟,选举联盟须在中央选举委员会注册登记。

三、第一部国家杜马代表选举法

(一) 选举法的主要规定

1993年全民公决通过的1993年宪法,将1993年俄罗斯国家杜马代表选举条例的部分内容以国家最高法律确定下来。1995年6月9日,俄罗斯国家杜马通过了第一部俄罗斯国家杜马代表选举法。该法基本继承了1993年国家杜马代表选举条例的主要内容,只在一些具体条款上进行了修订与补充。例如:

关于新一届国家杜马选举时间的确定,由总统来确定国家杜马选举时间;选举日定在上届国家杜马任期届满后的第一个星期日;从宣布选举之日到举行选举之日的时限不得少于四个月;如果总统没有及时宣布新一届国家杜马选举,或国家杜马被总统提前解散,而总统又未立即确定新一届杜马选举,那么中央选举委员会将宣布和组织举行新一届国家杜马选举;等等。

关于竞选权的规定,国家应履行保障俄罗斯公民和选举联合组织自由竞选的义务;保障自荐候选人和选举联合组织拥有平等地使用媒体开展竞选活动的权利;禁止选举委员会、国家机关及地方自治机构公职人员参加竞选等。

在候选人推荐方面,该法也作了一些补充规定,包括:

第一,除了选民倡议小组、选举联合组织和选举联盟有权提出候选人外,获得本选区1%选民支持的拥有被选举权的俄罗斯公民可以自荐。

第二,单名制选区候选人须在选举联合组织代表大会上以不记名投票的方式确定。选举联合组织也可以提名非本组织的候选人。

第三,单名制选区内,选举联合组织提出的候选人必须征集到该选区至少1%选民签名支持;全联邦选区内,选举联合组织至少要收集到 20 万的支持签名,① 比 1993 年杜马代表选举条例中规定的需要征集选民签名的最低有效数增加了一倍。每个联邦主体内征集的选民签名不得超过所需签名总数的 7%。

第四,每个注册成功的候选人、选举联合组织和选举联盟都有权任命代理人为其进行竞选宣传和争取选票的工作。

第五,从注册成功之日起,每个代表候选人都享有刑事豁免权。此外,只有两名以上候选人参加的选举才合乎法律效力。

选举法还对利用媒体进行竞选宣传的规定进行了补充,所有候选人平等获得国家及地方电视台、广播公司的免费宣传时间和额外付费宣传时间。

(二) 第二届国家杜马选举

1995 年 12 月 17 日,根据《俄罗斯联邦公民选举权基本保障法》和当年出台的国家杜马代表选举法,俄罗斯举行了第二届国家杜马选举。选举仍采用混合式原则,约 6950 万人参加了投票,投票率 64.76%,比 1993 年选举增加了 1100 万人,选民投票率门槛仍为 25%。共计 269 个选举联合组织有资格参加选举,其中 69 个选举联合组织提出候选人名单。

如表 7 所示,43 个选举联合组织提出的候选人参与了角逐,最终只有四个选举联合组织跨过 5% 的门槛,获得了直接进入国家杜马的资格。综合两个选区的选举结果,俄联邦共产党大获全胜,得票率 22.3%,获得 157 个席位;亲叶利钦的"我们的家园-俄罗斯"运动得票率 10.13%,获得 55 个席位;俄罗斯自由民主党得票率 11.8%,获得 50 个议席;"亚博卢"集团得票率 6.89%,获得 45 个议席。此外,还有一些选举联盟在单名制选区胜利,如俄罗斯农业党获得 20 个席位、俄罗斯民主选择党获得 9 个席位等。

---

① Статья 41. Федеральный заокн от 21.06.1995 № 90 – ФЗ 《О выборах депутатов Государственной думы Федерального Собрания РФ》.

表7　1995年12月17日第二届国家杜马选举结果一览表

排名	政党名称	全联邦选区得票率（%）	所获席位（个）	单名制选区所获席位（个）	总席位（个）
1	俄联邦共产党	22.30	99	58	157
2	"我们的家园-俄罗斯"	10.13	45	10	55
3	俄罗斯自由民主党	11.80	50	0	50
4	"亚博卢"集团	6.89	31	14	45
5	其他政党	—	—	66	66
6	独立候选人	—	—	77	77

资料来源："Какими были итоги выборов в Госудуму предыдущих созывов", https://ria.ru/20071208/91519653.html。

第二届国家杜马一共通过929项法案，总统签署了708项法案。本届杜马主席是根纳季·尼古拉耶维奇·谢列兹涅夫。

与第一届国家杜马选举相比，第二届国家杜马选举出现了一些变化：一是政治参与的积极性明显提高。参加竞选的选举联合组织数量增多。在全联邦选区中，有69个选举联盟推出了候选人，其中43个注册成功，比第一届多了两倍。投票率也很高，反映出选民参与政治的热情[①]。二是左翼政党占据优势。在俄罗斯国家政治失序、经济风雨飘摇愈演愈烈的背景下，急于摆脱现状的选民把手上的选票都投给了誓要带领俄罗斯走出困境、恢复大国地位的俄联邦共产党。因此，俄联邦共产党在此次选举中一枝独秀，占据国家杜马三分之一议席，成为国家杜马第一大党，再加上其他左翼政党，以俄联邦共产党为首的左翼政党获得席位超过半数，占据主导优势。三是第二届国家杜马代表专业化、年轻化。第二届国家杜马代表平均年龄不到48岁，普遍都

---

① "История выборов в Государственную Думу в современной России", https://tass.ru/spravochnaya-informaciya/508433.

拥有高等教育文化水平，且三分之一以上的代表都是上届国家杜马成员。①

四、第二部国家杜马代表选举法

（一）新选举法的变化

1999年6月2日，在广泛征求各界意见的基础上，俄罗斯国家杜马通过了第二部国家杜马代表选举法。新选举法保留了1995年国家杜马代表选举法的混合选举制的核心原则，主要在以下几个方面作出了修订。

第一，选举权的年龄资格从21岁降到18岁，即在投票日当天年满18周岁，且永久居住在俄罗斯的俄罗斯公民有权选举国家杜马代表。选举法首次规定凡是在投票日年满21岁且拥有选举权的俄罗斯公民可以当选为国家杜马代表。被法院判定无行为能力或被监禁的俄罗斯公民不享有选举权和被选举权。

第二，对候选人的提名和登记进行了关于选举保证金和候选人犯罪记录的补充规定。在缴纳选举保证金方面，代表候选人向中央选举委员会缴纳正式公布举行选举之日当天规定的最低工资1000倍的选举保证金。② 选举联合组织则需缴纳正式公布举行选举之日当天规定的最低工资2.5万倍的选举保证金。③ 应在投票日之前85天，最晚不迟于前55天交付选举保证金。如果候选人在单名制选区获得5%及以上的选票，在全联邦选区获得3%及以上选票，那么在选举结果正式公布后的五天内，中央选举委员会将退还选举保证金。相反，如果未获得3%

---

① 潘德礼主编：《俄罗斯十年》，北京：世界知识出版社，2003年版，第114页。
② Статья 64. Федеральный закон от 24.06.1999 № 121 - ФЗ《О выборах депутатов Государственной думы Федерального Собрания РФ》.
③ Статья 64 пункт 2. Федеральный закон от 24.06.1999 № 121 - ФЗ《О выборах депутатов Государственной думы Федерального Собрания РФ》.

选票,选举保证金将在选举日后的60天内上交国家财政。①

对于候选人的选举基金,该选举法也作了严格规定。单名制选区候选人选举基金包括以下金额:正式公布举行国家杜马选举之日当天规定最低工资的1000倍;选举联合组织提供给候选人的资金不得超过决定国家杜马选举之日当天规定的最低工资的5000倍;每个自然人自愿捐赠的金额不得超过法律规定最低工资的100倍,每个法律实体捐赠金额则不超过最低工资的2000倍;候选人所有选举基金不得超过正式公布选举之日当天规定最低工资的10 000倍;选举联合组织的选举基金最高限额不得超过正式公布选举之日当天规定最低工资的25万倍。②

选举法还对拥有犯罪记录的候选人作了补充规定,即在选民签名支持单上,必须对拥有前科的代表候选人、具有双重国籍的代表候选人及其背后选举联合组织进行明确标注。

第三,重新规定了杜马议席分配的原则。1999年国家杜马代表选举法在全联邦选区当选代表的议席分配上制定了一些新的原则。即在全联邦选区中,获得5%选票已经不是进入国家杜马的唯一标准。如果存在以下特殊情况,选举联合组织也有权参与国家杜马席位的分配:③

其一,如果两个以上的选举联合组织分别获得了5%及以上的选票,且所获得的票数之和达到了投票总数的50%以上,则这些选举联合组织将进入杜马,并根据其所获选票的多少来分配225个议席。

其二,如果两个以上的选举联合组织分别获得了投票总数5%以上的选票,但他们所获票数总和没有达到投票总数的50%,那么降低标准,分别获得3%以上选票且所获选票相加达到投票总数50%以上的选

---

① Статья 67. Федеральный закон от 24.06.1999 № 121-ФЗ 《О выборах депутатов Государственной думы Федерального Собрания РФ》.

② Статья 62 пункт 5. Федеральный закон от 24.06.1999 № 121-ФЗ《О выборах депутатов Государственной думы Федерального Собрания РФ》.

③ Статья 80. Федеральный закон от 24.06.1999 № 121-ФЗ《О выборах депутатов Государственной думы Федерального Собрания РФ》.

举联合组织,都将进入杜马参加议席分配。

其三,如果一个选举联合组织获得了50%以上的选票,其余选举联合组织得票率都不到5%,那么后者中得票最多的选举联合组织也可以进入到国家杜马。

实际上,第二、第三两种情况出现的概率并不高。在已举行过的两届杜马选举中,还没有出现过一个选举联合组织能独自获得50%以上的选票,而历届进入国家杜马的选举联合组织所获选票数总和也都超过了选票总数的一半。如第二届杜马选举中有四个选举联合组织超过得票率5%的下限进入国家杜马,它们总的得票率为50.19%。[①]1999年国家杜马代表选举法之所以这样规定,是与当时的政治形势有关。20世纪90代末,俄罗斯国内政治局势有利于以俄联邦共产党为首的左翼政党。根据宪法,时任总统的叶利钦不能再参选总统,为使国家继续走民主发展道路,权力顺利交接,叶利钦政府在第三届杜马选举前颁布新选举法,其最终目的是使进入杜马的选举联合组织或选举联盟能得到大多数选民的支持,同时又防止杜马被某一个政党或选举联盟完全控制,特别是被以共产党为首的左翼政党控制。

(二) 第三届国家杜马选举

1999年12月19日,第三届俄罗斯国家杜马代表选举举行。选举依然按照混合选举制原则进行,6680万人参加了投票,投票率为61.85%。在单名制选区,2318名代表候选人登记成功。在全联邦选区,26个选举联合组织提出4788名候选人参加选举。如表8所示,选举结束后,最终六个选举联合组织进入国家杜马。俄联邦共产党获得24.29%的选票(113个席位)、"团结"运动得票率23.32%(73个席位)、"祖国-全俄罗斯"得票率13.33%(66个席位)、"右翼力量联盟"得票率8.52%(29个席位)、俄罗斯自由民主党获得5.98%的选

---

① 邢广程、潘德礼、李雅君:《俄罗斯议会》,北京:华夏出版社,2002年版,第221页。

票（17 个席位）、"亚博卢"集团获得 5.93% 选票（20 个席位）。① 这次选举只产生了 441 名代表，因为还有九个单名制选区的选举宣告失败。2000 年 3 月 26 日，八个单名制选区进行了重选。2000 年 8 月 20 日，车臣共和国单名制选区进行了选举。从选举结果可以看出，1999 年国家杜马代表选举法已达到设计之初的目的。尽管俄联邦共产党仍是杜马第一大党，但与上届左翼占据半壁江山的情况比较，优势已明显减少。中间的"团结"运动、"祖国-全俄罗斯"与右翼代表"右翼力量联盟"席位总和已明显多于左翼阵营，叶利钦政权实际上已获得国家杜马的支持，从而为政权的顺利过渡提供条件。

第三届国家杜马主席仍是根纳季·尼古拉耶维奇·谢列兹涅夫。四年间，国家杜马共通过了 748 项联邦法律，其中 700 项获总统签署颁布。

表 8　1999 年 12 月 19 日第三届国家杜马选举结果一览表

排名	政党名称	全联邦选区得票率（%）	所获席位（个）	单名制选区所获席位（个）	总席位（个）
1	俄联邦共产党	24.29	67	46	113
2	"团结"运动	23.32	64	9	73
3	"祖国-全俄罗斯"	13.33	37	29	66
4	"右翼力量联盟"	8.52	24	5	29
5	俄罗斯自由民主党	5.98	17	0	17
6	"亚博卢"集团	5.93	16	4	20

资料来源：根据前文内容整理。

总之，叶利钦时期的国家杜马选举制度在一方面推动了俄罗斯独立初期民主政治的发展，扩大了社会集团参与的范围，民主政治参与

---

① "История выборов в Государственную Думу в современной России", https://tass.ru/spravochnaya-informaciya/508433.

的积极性明显提高，但另一方面，混合选举制客观上刺激了更多政党进入国家杜马从而加剧政党政治碎片化，这对于组建稳定的政党体系构成了障碍，加剧了国家社会的不稳定。

第二节　普京时期：国家杜马选举制度的改革与完善

1999年12月31日中午，俄罗斯总统叶利钦发表电视讲话，宣布辞去俄罗斯总统职务，同时宣布普京为代总统。2000年3月26日，普京以52.94%的得票率赢得总统大选胜利并于同年5月7日正式就任俄罗斯联邦总统。俄罗斯从此开启"普京时代"。

为了整顿叶利钦时期党派林立的局面，组建为执政当局有效服务的国家杜马，从而建立一个稳定的政治社会，2000年至今，普京政权对国家杜马选举制度进行了三次改革，对国家杜马代表选举法进行了30余次修订。

一、第一任期（2000—2004年）：政党参选条件严格化

在普京担任俄罗斯总统的第一任期内，俄罗斯政府颁布了俄罗斯历史上第一部政党法[①]，规定了严格的政党建立和运行规则。政党法的主要内容包括：

第一，政党的成立条件，即政党成员不得少于一万人，同时至少在一半的联邦主体设有分支机构，且成员不少于100名。每个联邦主体只能设立一个分支机构。

第二，禁止以职业、种族、民族或宗教信仰为名建立政党；禁止在地方、军队或其他国家机构、组织中建立政党及其分支机构；禁止同行业人员组成政党。

第三，政党的资金来源：党员缴纳的党费；国家补贴（在杜马和

---

① Федеральный закон от 11.07.2001 № 95-ФЗ《О политических партиях》.

总统选举中得票率超过3%的政党可享受国家财政补贴,一张选票相当于一卢布);捐赠;经营活动以及其他合法收益。

第四,关于政党参加选举活动的规定有:一是只有获得俄罗斯司法部审查通过的政党才能参加国家和地方立法机关选举。二是在各类社会组织中,只有政党有资格提出总统、杜马选举的候选人。

第五,如果政党违反俄罗斯宪法及其他法律,且在两个月内未消除这些违法行为,将被最高法院暂停该党活动一至六个月不等。党员数量不足或者五年内都不曾参加国家政权机关选举的政党,最高法院将予以取缔。

第六,禁止外国政党在俄罗斯活动。

政党法的出台对俄罗斯政治转轨具有重要意义和作用,不仅以法律的形式确立了俄罗斯政治的多样性和多党制,而且有效整顿了俄罗斯国内政党多而乱的现象。随着该法的推行,俄罗斯国内政党由原来的上千个锐减为数十个,政党活动逐渐规范有序,政府对政党格局的掌控也有所增强。"政治生活的改革,首先是指建立起有效发挥作用的多党制。"[1]

为加快形成有序的多党制格局,俄罗斯执政当局在出台政党法的同时,对国家杜马代表选举法也进行了改革,试图推动形成有利于普京政权的国家杜马。2002年12月20日,俄罗斯政府颁布了新的《俄罗斯联邦会议国家杜马代表选举法》。新选举法仍采用了混合式选举原则。

相较1999年的国家杜马代表选举法,2002年的选举法对国家杜马选举制度进行了一些改革,其中主要有:

第一,只有符合政党法规定的政党才有资格提出全联邦选区的候选人名单。而在此前的几部国家杜马代表选举法中,并未有这些限制,导致参加选举的政党数量较多。如1995年国家杜马选举中,有69个政党参加选举,1999年国家杜马选举中,则有37个政党参选。

---

[1] 普京著,张树华、李俊升、许华译:《普京文集(2002—2008)》,北京:中国社会科学文献出版社,2008年版,第381页。

第二，将政党进入国家杜马的门槛从5%得票率提升到7%，且至少有两个参选政党所得票数之和不得少于参加选举的选民总数的60%①。同时注明，这条规定要在2003年以后的选举中才能实行。如果无一政党获得7%以上选票，或者所有参选政党所获选票低于50%，则此次杜马选举失败。在杜马选举中得票率没有达到2%的政党虽然可以继续参加以后的选举，但是必须支付在国家媒体上的宣传费用，否则，无权免费使用。

第三，首次对候选人选举基金数额作了明确规定。在单名制选区，自荐候选人的选举基金最高额度不得超过600万卢布。② 每个政党的选举基金最高额度不得超过2.5亿卢布。候选人必须如实向中央选举委员会提供自己的收入、财产、股票等材料，一旦被发现有所隐瞒，将被取消候选人资格。

第四，只有在国家杜马选举前一年就合法登记过的大众传媒才有资格参与候选人在选举期间的竞选宣传活动，以防部分候选人以竞选活动为名而专门创建新的媒体。大众传媒应对所有候选人同等对待，公开向候选人提供有偿服务的价格。③ 如果候选人发现新闻媒体刊登有损其声誉的文章，有权在该媒体最近一期同一位置上发表反驳文章。

2002年的国家杜马代表选举法与政党法密切配合，将一大部分不符合条件的政党挡在了选举活动之外。根据该选举法，2003年12月7日，俄罗斯举行了第四届国家杜马选举。选举仍采用混合式选举原则，将近有6071万选民参加了选举，投票率55.75%。39个政党和一个社会组织向中央选举委员会递交了参选申请，其中，18个政党和五个选

---

① 2002年国家杜马代表选举法规定,2003年进入杜马参加席位分配的政党不得少于四个。如果在2003年以后的国家杜马选举中只有两个政党进入杜马，或在2003年选举中只有三个党进入杜马,且他们所获得的票数总数超过60%,就应当增加一个政党,即使这个政党的得票率未得到法定的指数,但同时高于其他政党。

② Статья 66．Федеральный закон от 20.02.2002 № 175-ФЗ 《О выборах депутатов Государственной думы Федерального Собрания РФ》.

③ Статья 60 пункт 2 и 4. Федеральный закон от 20.02.2002 № 175-ФЗ 《О выборах депутатов Государственной думы Федерального Собрания РФ》.

举联盟注册成功，最终三个政党和一个选举联盟获胜，成功进入杜马。

如表9所示，得到普京大力支持的统一俄罗斯党① 在全联邦选区大获全胜，得票率37.57%，获得122个席位；俄联邦共产党，得票率12.61%，获得42席；俄罗斯自由民主党，得票率11.45%，获得36席；选举前3个月才创建的"祖国"联盟引人注目，成为本届杜马选举的黑马，获得9.02%的选票，获得29席；"右翼力量联盟"（3.97%）和"亚博卢"集团（4.3%）遭受重创，均未能突破5%，未能进入新一届杜马。此外，单名制选区中，统一俄罗斯党（100席）、俄联邦人民党（20席）、俄联邦共产党（11席）、其他政党（16席）、独立候选人（63席）。② 这届杜马共选出了447名议员。三个单名制选区的选举由于存在选民投票反对所有候选人的现象而宣告失败。

第四届国家杜马主席是统一俄罗斯党主席鲍里斯·维亚切斯拉沃维奇·格雷兹洛夫。本届杜马共审议通过1620项联邦法律和25项宪法法律。

---

① 统一俄罗斯党的前身是俄罗斯当局在1999年为了国家杜马选举而组建的统一运动竞选联盟，时任总理普京亲自抓运作。1999年俄罗斯国家杜马选举结束后，统一运动竞选联盟加快了组建政党的步伐：2000年5月27日，统一党成立；10月28—29日，统一党召开二大，宣布统一党是"总统政权党"。2001年12月1日，统一党、"祖国"运动和"全俄罗斯"运动合并大会正式在克里姆林宫大会堂召开，统一俄罗斯党正式宣告成立，成为支持总统的最大中派政治力量。其中，以谢尔盖·绍伊古为首的统一党成员主要是中央和各级政府机关的官员和职员，以尤里·卢日科夫为首的"祖国"运动的成员大多是莫斯科的政治精英、企业界人士和知识分子，以明季梅尔·沙伊米耶夫为首的"全俄罗斯"运动则代表各地方的实力派和官吏的要求。大会通过了党的纲领性宣言，选出了党的领导机构，鲍里斯·格雷兹洛夫担任首任党主席，绍伊古、卢日科夫、沙米耶夫当选为党的联席主席。普京总统亲自与会并发表讲话。现任党主席为梅德韦杰夫。

② "История выборов в Государственную Думу в современной России"，https://tass.ru/spravochnaya-informaciya/508433.

表9 2003年12月7日第四届国家杜马选举结果一览表

排名	政党名称	全联邦选区得票率（%）	所获席位（个）	单名制选区所获席位（个）	总席位（个）
1	统一俄罗斯党	37.57	122	100	222
2	俄联邦共产党	12.61	42	11	53
3	自由民主党	11.45	36	0	36
4	"祖国"联盟	9.02	29	8	37
5	人民党	0	0	20	20
6	其他政党	0	0	16	16
7	独立候选人	0	0	63	63

资料来源：根据前文内容整理。

第四届国家杜马中形成了以统一俄罗斯党为主，俄联邦共产党、自由民主党和"祖国"联盟并存的局面。这也符合普京对俄罗斯多党政治的设想，即以政权党为核心，三四个主要政党并存的政党格局。这三四个政党的政治主张主要代表左翼和中间，也比较符合普京的政治理念，三者之间的竞争和对话只是国家发展政策之争而不是国家发展方向之争，有利于俄罗斯政治稳定。

统一俄罗斯党在这场选举中获得胜利也是意料之中。首先，统一俄罗斯党获得普京的明确支持。在第四届国家杜马选举前，普京在出席统一俄罗斯党的第二届代表大会时明确希望该党在选举中取得胜利。① 其次，竞选策略围绕总统展开。统一俄罗斯党的竞选口号就是"与总统在一起"，党主席格雷兹洛夫多次在不同场合表达对普京政绩的赞扬和对普京本人对支持，这对选民的投票倾向无疑具有很强的引导作用，毕竟普京执政以来政绩颇佳，俄罗斯连续几年保持4%以上的经济增长率。2003年经济增长率还超过6%，国内生产总值比1998年

---

① "Выступление Путина на съезде 'Единая Россия'"，https://www.gazeta.ru/2003/09/20/vystupleniep.shtml.

增长30%以上，国家外汇储备达到600亿美元。在老百姓看来，普京最突出的贡献是提高了退休金和补贴，及时发放工资，生活水平好转，因此，普京在老百姓中间威望很高。再次，该党联合主席，时任俄罗斯内务部长格雷兹洛夫、紧急情况部部长绍伊古、莫斯科市长卢日科夫和鞑靼斯坦共和国总统沙米耶夫身居要职，能给该党带来强大的行政资源，而且社会形象良好，皆拥有一定民意基础。此外，全国89个联邦主体中的27名地方行政长官都是该党候选人，直接面对选民进行竞选动员。从投票结果看，部分民族地区投票率大大高于全国平均水平，而这些地区统一俄罗斯党得票率也比较高。这说明联邦中央和地方的行政资源发挥了一定作用。民调显示，2003年9月，统一俄罗斯党的支持率为28.1%，明显高于俄联邦共产党。同时，也正得益于普京对其支持，选前才组建的"祖国"联盟才能顺利进入杜马。而两个右翼自由主义政党——以亚夫林斯基为首的"亚博卢"集团、以涅姆佐夫为首的"右翼力量联盟"彼此之间矛盾重重，始终没有联合。在2003年民意调查中，两个党的支持率徘徊在5%这一门槛边缘，在实际选举中则是完全失利，也表明俄罗斯民众已不认同叶利钦选择的民主发展道路。

第四届国家杜马选举是普京就任总统后的第一次杜马选举，普京曾表示，"第四届国家杜马选举的结果将决定国家发展的前途。"①此次选举在俄罗斯当代政治发展史中发挥了重要作用，不仅稳固和增强了普京的总统地位，而且为以统一俄罗斯党为核心的多党格局的形成奠定了基础。第一，统一俄罗斯党获胜为普京进一步整合政治力量、稳操政治主动权提供了保障，助其实现"多数派组阁"的政治构想。同时，统一俄罗斯党的获胜也表明普京当选总统以来，推行的一系列政治经济政策得到了民众的认可，对普京在2004年总统大选获胜产生重大积极影响。第二，普京掌握的权力资源将极大增强。政权党统一俄

---

① "Выступление Путина на съезде 'Единая Россия'"，https://www.gazeta.ru/2003/09/20/vystupleniep.shtml.

罗斯党成为新一届国家杜马第一大党，而且议员数量上处于压倒优势。新一届杜马中，普京不仅能得到统一俄罗斯党的支持，还能得到自由民主党以及"祖国"联盟中亲政府议员的支持，在议会通过法律的能力得到极大加强。第三，这次大选后，进入国家杜马的政党由第三届国家杜马的六个政党减少到四个政党和竞选联盟，结束了俄罗斯政坛十多年来左右翼势力严重独立的局面，朝着由两三个或四个政党参加的多党制迈出了关键一步。① 正如俄罗斯总统办公厅副主任苏尔科夫对此次选举的评价，"选举结果标志着俄罗斯国内政治过渡期已经结束，一个新的政治时代政治来临。"② 第四，有利于解决俄罗斯政权内部矛盾。俄国内政治斗争仍将继续。尤科斯事件和总统办公厅主任沃洛申的辞职表明，普京已经着手调整自己在第二个任期内的领导班子。尤科斯石油公司总裁霍多尔科夫斯基的被捕不仅没有引发俄罗斯社会动荡，反而是普京提前分化组合俄各派政治力量的一步妙招。普京在大选后对政府进行大换血是可能的。普京的"圣彼得堡"帮在俄罗斯政坛占据了25%的高级职位，其中包括部长、联邦区总统全权代表和州长等。大选后其力量会进一步增强。

二、第二任期（2004—2008年）：调整为比例制选举

进入总统第二任期后，俄罗斯政治重组和党派斗争依然激烈，围绕选举制度改革、民主化、政治模式与政治道路等问题的争论十分激烈。一方面，普京多次明确表示不再谋求第三个总统任期，而这需要为政治交接、未来政治走向等作出思想准备和前景勾画；另一方面，近年来，西方加大了对俄罗斯内政的批评和民主化的压力，俄罗斯当局迫切需要国内达成共识，对外作出回应。在此背景下，为了进一步

---

① 2000年2月27日，普京在"团结"运动成立大会上发表的讲话中，提出要在俄罗斯实行有两三个或四个政党参加的多党制。

② "Переходный период в России завершен, считают в Кремле", https://www.newsru.com/russia/08Dec2003/kreml.html.

巩固第四届国家杜马的政党格局，保证统一俄罗斯党在接下来的议会选举中万无一失，彻底巩固其政权党的地位，保障普京大政方针的延续，俄罗斯政府在前几版选举法基础上颁布2005年版选举法，对选举核心原则进行改革，目的就是要将右翼彻底排除在杜马之外，排除在俄罗斯上层政治核心圈之外，无力对统一俄罗斯党构成威胁，顺利举行2007年国家杜马选举。2005年5月18日，俄罗斯政府出台了第四部国家杜马代表选举法。这部选举法在第三部基础上又进行了一系列重大调整。其主要特点如下：

第一，改变选举原则，由混合制变为比例制。俄罗斯第一到第四届国家杜马代表选举都采用混合制。从往届选举结果可以看出，在单名制选区，"亚博卢"集团、右翼力量联盟推荐的候选人都能顺利过关，成功进入国家杜马。而在全联邦选区中，上述政党提出的候选人很难获得法定票数，被排除在国家杜马之外。因此，选举原则的调整也是为了阻止右派政党进入国家杜马而做出的。

第二，取消竞选联盟推荐候选人的资格。2005年选举法规定，只有政党才有权提出国家杜马代表候选人名单。此举势必打乱右翼政党组成竞选联盟的策略，同时也将一些缺乏选民基础的右翼政党挡在了议会之门外，这有利于俄罗斯今后"少而精"的政党建设。

第三，对候选人登记所需签名数量及缴纳保证金的条款进行了修订。新的选举法规定，法定期限内至少收集20万个签名支持，每个联邦主体内征集到的选民签名不得超过一万个，在俄罗斯境外收集选民签名数量不得超过一万个。[①] 如果发生提前选举，候选人所需签名数量及在境外收集的签名数量减半。如果抽查期间发现候选人无效的选民签名数量占据总签名数量的5%，则不得登记注册。在缴纳选举保证金方面，其金额为候选人选举基金最高限额的15%，应在选举前75天，

---

① Статья 39 пункт 3. Федеральный закон от 18.05.2005 № 51-ФЗ 《О выборах депутатов Государственной думы Федерального Собрания РФ》.

不得晚于45天内，一次性向中央选举委员会缴纳。① 如果获得4%及以上选票，或成功进入杜马，中央选举委员会应在选举结果正式公布之后的五天内向其退还选举保证金，否则，其缴纳的选举保证金自投票日起的60天内将上交国家财政。

第四，管控竞选活动。2003—2005年期间，格鲁吉亚、乌克兰和吉尔吉斯斯坦三国先后爆发颜色革命，这三场颜色革命都是因议会选举或总统选举引发的，因此为了防止事态重演，俄罗斯在选举法中补充了一些管控竞选活动的条款。一是首次对竞选活动作出立法界定。选举法规定竞选活动包括：促使选民投票赞成或反对候选人；对推荐候选人的政党的宣传；获胜承诺；发布关于候选人及其政党积极或负面评价的信息；进行有助于选民对候选人及其政党了解的活动。② 禁止外国公民、无国籍人士、外国组织、国际组织及国际社会运动参与竞选活动，发布和散播任何关于候选人的材料，同时不允许上述个人和组织实施干扰选举进程的行为和活动。③

二是增加对"竞选运动限制"条款。根据选举法第62条规定，政党在选举纲领等竞选材料中，以及候选人在大会、集会、新闻媒体上的公开发言、讲话中，均不得包含有暴力夺权、强行改变宪法秩序及侵犯俄罗斯主权等内容。④ 禁止在选举期间煽动社会、种族、民族或宗教仇恨。禁止候选人及代理人在竞选期间对选民或组织进行贿选。一旦发现大众传媒发布或刊发的候选人竞选材料和其他信息有可能损害候选人及其政党声誉时，有义务在竞选期结束前告知候选人及其政党，并无偿地给后者提供反驳的机会，以维护声誉。

---

① Статья 66 пункт 3. Федеральный закон от 18.05.2005 № 51-ФЗ 《О выборах депутатов Государственной думы Федерального Собрания РФ》.

② Статья 55 пункт 3. Федеральный закон от 18.05.2005 № 51-ФЗ 《О выборах депутатов Государственной думы Федерального Собрания РФ》.

③ Статья 31. Федеральный закон от 18.05.2005 № 51-ФЗ 《О выборах депутатов Государственной думы Федерального Собрания РФ》.

④ 同③。

三是严格外国观察员监督资格及程序。外国观察员须根据俄罗斯法律规定获得进入俄罗斯的许可；中央选举委员会审查外国观察员提交的文件，通过后向其颁发观察许可证；外国观察员活动不得违反俄罗斯法律，中央选举委员会有权撤销外国观察员的许可证；外国观察员的任期自俄罗斯中央选举委员会认可之日起，至国家杜马选举结果正式公布之日结束；外国观察员无权开展与选举监督工作无关的一切活动等。

此外，俄政府还对《俄罗斯联邦公民选举权利及参与全民公投权利基本保障法》进行修订，完全撤销了在俄罗斯各级选举中选票上的反对所有候选人的选项，同时取消了对选民参选率的最低限制。① 这些新增条款本质上不利于小党获得选票，也限制了中小政党联合参选的可能性，却有利于大党进一步壮大力量，特别是有利于统一俄罗斯党在选举中获得更多票数。

保证统一俄罗斯党获胜无疑是有利于普京政权的连续性。或者说，这是普京卸任总统后继续对俄罗斯政坛保持影响力的一个主要平台。因为在这届杜马选举后，即2008年将要举行第五届总统大选。按照宪法规定，普京是不能连任的。但普京本人并未有意愿退出政坛。正如在2007年瓦尔代俱乐部上，他认真而明确地表示："我的健康状况允许我这样做，同时我也有这样的愿望，这是下一任总统显然应当考虑的一个因素。当然，我们需要达成一致进行协同共事。"② 虽然普京不是统一俄罗斯党党员，但是该党自建立以来一直对普京坚定支持。即使2008年后普京不再担任俄罗斯总统，但有统一俄罗斯党的支持，普京的政治影响力势必超过俄罗斯新任总统，仍然可以继续实施他的治国政策。

---

① "О внесении изменений в Федеральный закон 《Об основных гарантиях избирательных прав и права на участие в референдуме граждан Российской Федерации》 и Гражданский процессуальный кодекс РФ", http://pravo.gov.ru/proxy/ips/? docbody = &prevDoc = 102076507&backlink = 1&&nd = 102110410.

② "Заседание Международного дискуссионного клуба 《 Валдай 》", http://www.kremlin.ru/events/president/news/55882.

俄罗斯第四届杜马运行的四年，可以说是以统一俄罗斯党为首的议会鼎力支持总统的四年，也是政府与议会之间相互掣肘、内耗和摩擦最少的四年。四年期间，普京政权受到议会大力支持，总统和政府的各项提案在国家杜马顺利通过，得到高效落实，实现了真正的政令畅通，从而结束了20世纪90年代以来的议会和总统、政府之间协作少、对抗多的状况，进入密切配合工作的新局面。俄罗斯的"三权分立"也基本上化为"三权合一"。从俄罗斯政党制度的形态来看，俄罗斯仍然是多党政治，但从俄罗斯四年来政党政治发展的实践来看，俄罗斯政党制度已经具有一党制的特征，至多是一种以"政权党"——统一俄罗斯党为主、反对党只做"陪衬"的多党制。①

2007年12月2日，第五届俄罗斯国家杜马进行选举。这是第一次按照比例制，即按政党提名的联邦候选人名单进行选举。进入杜马的门槛已从5%提高到7%。根据政党法修正案的规定，各政党必须重新进行登记注册，才能成为合法政党参加选举。② 在第五届议会选举前，在俄罗斯司法部注册成功的只有17个政党③，与上届杜马选举相比，数量减少了约60%。其中11个政党获准参加选举，分别是：统一俄罗斯党，俄联邦共产党，自由民主党，公正俄罗斯：祖国、退休者、生活党，"亚博卢"集团，"右翼力量联盟"，俄罗斯爱国者党，社会正义党，"公民力量"集团，农业党，民主党。

普京对统一俄罗斯党依旧给予了巨大的支持。2007年10月1日，

---

① 黄登学:《一党制还是多党制？——俄罗斯政党制度简析》，载《当代世界社会主义问题》，2007年第1期，第71—76页。

② 2004年12月，俄罗斯颁布了政党法修正案，其中再一次提高了组建政党的门槛，即每个合法政党至少有四万名党员，半数以上联邦主体分部至少拥有500名党员，其余的每个联邦主体分部里至少有250名党员。依照2001年政党法登记的政党，在2006年1月1日前应当使自己的党员数量与政党法修正案的规定相符合。不符合要求的政党应改组为其他法律组织形式的社会组织或解散。

③ 这17个政党是，"公民力量"集团，民主党，统一俄罗斯党，和平与统一党，俄联邦共产党，"右翼力量联盟"，自由民主党，"亚博卢"集团，俄罗斯爱国者党，绿色生态党，农业党，人民意志党，社会主义统一党，自由俄罗斯党，社会正义党，俄罗斯复兴党，公正俄罗斯：祖国、退休者、生活党。

普京在莫斯科出席统一俄罗斯党第八次代表大会时表示,将接受领导统一俄罗斯党参加12月举行的国家杜马选举的提议,领衔统一俄罗斯党候选人名单参加新一届国家杜马竞选,他说:"我很感激地接受关于由我领衔统一俄罗斯候选人名单,参加国家杜马选举的建议"。① 如表10所示,虽然普京拒绝成为统一俄罗斯党成员,但他的这一表态毫无疑问会极大推高统一俄罗斯党的支持率。2007年11月29日,普京在电视讲话中再次呼吁民众投票支持统一俄罗斯党。

表10　俄罗斯主要政党第五届杜马选举前支持率一览表　（单位:%）

	支持率（9月）	支持率（10月）	上升（+）/下降（-）
统一俄罗斯党	55	68	+13
俄联邦共产党	18	15	-3
自由民主党	11	6	-5
公正俄罗斯党	7	5	-2

俄罗斯第五届国家杜马选举于2007年12月2日举行,选举结果也确实达到了普京政权的预期。通过投票,四个政党进入国家杜马。统一俄罗斯党得票率64.3%,获315个席位,蝉联杜马第一大党,俄联邦共产党得票率11.57%,获57个席位,自由民主党得票率8.14%,获40个席位,公正俄罗斯党得票率7.74%,获38个席位。其余党派均未越过7%的门槛,有的得票率甚至都未达到3%。大约有7000万选民参加投票,投票率为63.78%,与前三届相比,第五届国家杜马选举选民参与积极性是最高的。

统一俄罗斯党在国家杜马中占据主导地位,从而进一步巩固了统一俄罗斯党党魁普京的政治影响力,② 并有可能将超过俄罗斯总统,从

---

① "Итоги VIII Съезда Партии 《Единая Россия》", https://mr-7.ru/articles/2007/10/08/itogi-viii-sezda-partii-edinaia-rossiia?ysclid=lbep3o8i61963044323.

② 2008年4月,普京着于在统一俄罗斯党九大上当选党主席。

而开启另一个新的"普京时代"。

三、第三任期（2012—2018年）：重归混合制选举

2005年选举法颁布后直至2014年2月22日第五部国家杜马代表选举法出台之前，一共进行了28次修订，包括杜马代表任期由四年改为五年等。它的修订和完善，促进了俄罗斯国家杜马选举制度发展，推动了国家杜马选举朝着更加规范化和专业化方向前进。根据2005年国家杜马代表选举法，俄罗斯举行了第五届和第六届国家杜马选举。2011年举行的第六届国家杜马选举引发民众大规模示威活动，抗议选举不公，要求政治体制改革。在此背景下，普京在其第三任期内启动了全面政治改革，第五部国家杜马代表选举法也应运而生，核心原则也从比例制回归混合制，国家杜马选举制度也稳定于这版选举法。

（一）第五部国家杜马代表选举法出台的背景

2011年12月4日，俄罗斯第六届国家杜马选举如期举行，选举原则为比例制选举。按照新修订的国家杜马代表选举法①，国家杜马任期延长至五年。所有七个合法政党都参加了选举，共推出2999名候选人。选举结果显示，统一俄罗斯党、俄联邦共产党、自由民主党和公正俄罗斯党再次成功进入杜马。其中，统一俄罗斯党独占鳌头，获得238席；俄联邦共产党次之，获得92席；公正俄罗斯党和自由民主党则分获64席和56席。"亚博卢"集团、俄罗斯爱国者党及正义事业党得票率分别为3.43%、1%和0.6%，未通过所规定的7%门槛无缘进

---

① 2010年4月22日至2011年10月20日，国家杜马代表选举法进行了10次修订，最新的修订是国家杜马代表任期由四年延长至五年，进入杜马的得票率从7%降低到5%，但此项规定要等到第七届杜马选举时才能实行，所以又决定在此次选举中先进行过渡，即实行7%得票率门槛的同时，采取"浮动门槛"，即获得5%选票的政党将得到一个席位，得票率为6%的政党则可获得两个席位。此举目的是增加参选政党获得杜马议席数，以实现普京政权倡导的多党制目标。

入杜马。① 但右翼政党也有突破，按选举法规定，获得3%选票以上的政党将获得国家补贴，"亚博卢"集团将首次获得每年约4500万卢布的国家财政援助。

第六届国家杜马选举期间，俄罗斯全境设有超过9.6万个投票站，近6500万选民参加了选举，投票率达60.21%。俄罗斯境外建立了376个投票站，180万俄罗斯选民参加了投票。② 本届选举中5%的联邦主体选区以及在波兰、德国和立陶宛等国的投票站首次采用了电子投票的方式。此外，国际观察员数目也大大增加，大约700名（上届300多名）国际观察员对选举进行了监督。

第六届杜马选举在俄罗斯国家杜马选举史上引人注目。这是因为，第一，选举背景特殊。它是在俄罗斯遭遇国际金融危机冲击后，经济正在缓慢复苏的背景下举行，更是2012年总统大选的"前哨战"，普京很有可能参加此次总统大选。作为政权党的统一俄罗斯党为此积极准备，提前规划部署。

第二，统一俄罗斯党在此次选举中优势下滑。从选举过程及结果来看，统一俄罗斯党虽然仍保持优势地位，但所获议席比第五届国家杜马减少了77席，未能取得三分之二的绝对多数席位，得票率创历史新低，不到50%。这说明金融危机以来民众对俄罗斯当前社会状况的不满情绪一直存在，对当局的态度已发生了一些变化。自2010年以来的地区选举中，统一俄罗斯党在多数州的选票都低于50%。③ 相反，俄联邦共产党、公正俄罗斯党和自由民主党的支持率和议席数与上届相比均有不同程度的增加。特别是俄联邦共产党表现不俗，其支持率比上届上升了7.63%，议席数也增加了35席。此次俄联邦共产党的竞选纲领紧紧围绕俄罗斯经济现代化展开，为它赢得不少选票。2010年

---

① "История выборов в Государственную Думу в современной России", https://tass.ru/spravochnaya-informaciya/508433.
② 同①。
③ 庞大鹏：《新普京时代的开启——2011年俄罗斯政治形势综述》，载《和平与发展》，2012年第2期，第24—28、68页。

4月3日,俄联邦共产党中央全会提出了"社会主义现代化"思想。"社会主义现代化"的核心是俄联邦共产党以前所坚持的要将自然资源和战略性部门收归全民所有,国有化是发展科学、振兴技术和社会变革的主要资金来源。在2011年9月24日的十四大上,俄联邦共产党以"没有停滞的现代化"为施政方案重申了上述思想,提高了与统一俄罗斯党的政策辨识度。从政治组织结构上看,俄联邦共产党在经历了中、右翼力量不断挤压、无所作为、党内上层分裂等挫折之后,处于恢复上升时期。

第六届国家杜马设杜马主席一名,第一副主席两名,副主席六名,委员会由上届的32个精简为29个。① 根据杜马各政党在杜马议席的数量分配,统一俄罗斯党获得杜马主席(原总统办公厅主任谢尔盖·纳雷什金任主席)、一个第一副主席(时任政府副总理亚历山大·茹科夫)和四个副主席职位,还有15个委员会主席职位。② 俄联邦共产党议员则担任了第一副主席职位和较为重要的国防委员会等六个委员会主席职务。公正俄罗斯党和俄罗斯自由民主党分别占据一个杜马副主席和四个委员会主席职位。

第三,本届杜马结果引发了民众对俄罗斯选举公正性的质疑。包括俄罗斯反对派在内的社会各界总结了此次杜马选举中存在的许多有利于统一俄罗斯党的违规行为,如对以社会福利等为由向退休者、退伍军人等选民施加压力;投票站内造假(无效票改成有效票、投票箱中的选票增多,额外选票归于统一俄罗斯党);用奖金鼓励学生给统一俄罗斯党投票;大型国有企业组织员工集体给统一俄罗斯党投票;重复投票;部分投票站无观察员监督,等等。③ 有的学者甚至用数据模型

---

① "Сергей Нарышкин избран спикером Госдумы", http://www.Pravda.ru/news/politics/21-12-2011/1102737-Naryshkin-0/.

② "Государственная дума шестого созыва", https://tass.ru/spravochnaya-informaciya/529836?ysclid=lbesq6aq4g351592475.

③ "От мая до декабря-Как думская кампания привела к массовым протестам в декабре 2011 года", https://www.gazeta.ru/politics/2012/12/04_a_4878805.shtml?updated.

分析杜马选举结果,认为统一俄罗斯党获胜是"人为"的,伪造率达10.8%。① 选举结束后的第二天,12月5日晚,在反对派的组织下,莫斯科爆发了第一场示威抗议活动,其中大多数人是第一次参加集会。五天后,大规模抗议集会在莫斯科博洛特纳亚广场举行,约2.5万人参加了此次集会,这是独立以来俄罗斯爆发的最大规模民众示威活动。集会民众要求改革政治体制,释放政治犯,重新进行国家杜马选举,提前举行总统大选。示威抗议活动一直持续到2012年5月,蔓延至圣彼得堡、符拉迪沃斯托克等地。由于抗议民众手持白丝带,这场大规模抗议活动也被称为"白丝带运动"。

"白丝带运动"还有一个重要特征就是俄罗斯"一直沉默"的中产阶级的广泛参与。调查显示,在12月份的抗议浪潮中,44%的抗议者是受过高等教育的企业员工,13%是工人,10%是学生和退休者。如果按照财务状况、职业地位和自我认同这三项标准来确定中产阶级,截至2012年年底,俄罗斯约20%—25%的人口和55%—60%的莫斯科人口可以归类为中产阶级。中产阶级是社会少数,其政治取向相对保守,比较注重自身生活的稳定。在物质要求已满足的前提下,这类人群开始更多关注自由、人权和自我实现等需求。因此,以这个阶层为主力的抗议活动具有动摇国家发展社会基础的可能,也引起俄罗斯当局的恐慌。

同时,美西方等外部势力借抗议活动浑水摸鱼,企图在俄罗斯炮制一场颜色革命。2011年12月6日,美国国务卿希拉里在欧安组织外长会议上批评俄罗斯国家杜马选举不公正,呼吁俄罗斯选民应对选举进行全面调查。② 美国非政府组织在这场抗议活动中表现活跃,不仅早在选举前(2011年1月)就创建了所谓的"白丝带"网站,做好网络煽动抗议的准备,而且资助俄罗斯独立选举监督机构"声音"联合会,

---

① "Исправленному верить",https://lenta.ru/articles/2012/12/28/ksonin/.
② "Госсекретарь США не считает выборы в РФ свободными и справедливыми",https://ria.ru/20111206/508055827.html.

扩大选举舞弊的宣传，并以此号召民众参加反政府行动等。① "白宫承认，美国为俄罗斯举行自由、公正、透明的选举花费了900多万美元。"②

实际上，这次的抗议运动也许仅仅是民众表达对政权不满的导火索。调查发现，民众将抗议的主要原因归为对政权不满（17%），然后是对生活水平不满（8%），对于选举结果不满和怀疑选举中有舞弊行为排在第三位（7%）。③ 在普京第一、二任期，俄民众与普京政府形成了事实上的"社会契约"，④ 即国家不干涉公民个人生活，努力提高其福利水平，以此换得公民关注自身而对国家在政治领域的一系列"收紧"动作保持沉默。2011年年底开始的经济危机以及莫斯科市长卢日科夫被免职，后者是统一俄罗斯党的创始人之一，其贪腐问题的曝光极大影响了民众对政权的信任。此外，普京在统一俄罗斯党代表大会上宣布"王车易位"的竞选计划，也使国内一部分期待政治生态改变的民众感到焦虑和质疑。这些政治事件综合作用，使民众对政权党的不满达到了高潮。在这一背景下，统一俄罗斯党在国家杜马选举中的局部问题成了点燃社会情绪的火种。

需指出的是，在普京制度性扶持政权党的背景下，任何反对派都很难有所作为。曾经作为国家杜马中坚力量的俄联邦共产党影响力大不如前，主要原因除自身内部建设问题，还受到执政当局及政权党的制约和排挤，在议会中所占席位远远少于统一俄罗斯党，有进一步边缘化的趋势。选举结果与往届大幅领先的选举态势相比，统一俄罗斯党在第六届国家杜马选举中表现不佳，但该党实际上依然占据着议会

---

① Виктор Пироженко, "Выборы в Росси и спецоперация 'Фальсификация'", http://www.centrasia.ru/newsA.php?st=132375320.

② "Белый дом подтвердил, что США потратили 9 млн на поддержку выборов в РФ", https://telegraf.by/2011/12/belii-dom-podtverdil-chto-ssha-potratili-9-mln-na-podderjku-viborov-v-rf.

③ "Протестные насбтроения в России и на Украине", http://wciom.ru/index.php?id=236&uid=114686.

④ Петров Н. А., "Пробуждается ли российское общество", ПОНАРС Евразия, No. 213, 2012.

半数以上席位,行政资源基础依然深厚。其他三个议会政党很难与之抗衡。如图1和图2所示,亲西方的右翼自由派政党,如"亚博卢"集团、"右翼力量联盟",从2003年议会选举以来,因所获选票达不到进入议会的门槛,其社会政治影响力日渐式微。这种失衡的政党格局使俄罗斯政治发展因缺乏政治竞争,出现严重停滞现象,议会民主效能低下,政党政治趋向僵化。对此,俄罗斯学者评价道,持续近半年的民众抗议行动,表达着一种思变情绪,在一定程度上也可以看作是社会内部对普京政权体制的一种不满。而反对派的目标似乎更为明确,表面上抗议杜马选举不公,实则矛头直指即将参加2012年总统大选的普京,这无疑给普京重回克里姆林宫增添了复杂性。

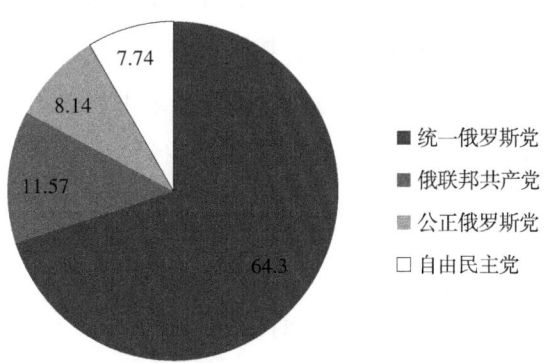

图1 第五届国家杜马议席分配情况(单位:%)

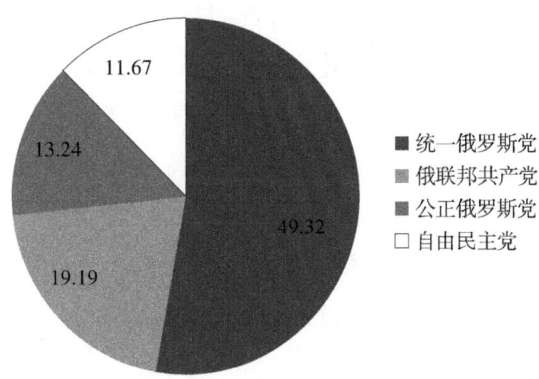

图2 第六届国家杜马议席分配情况(单位:%)

为防止政局失控,消除民众对俄罗斯选举公正性的质疑,保障普京选举之路的顺利,俄罗斯执政当局积极回应民众要求增强政治竞争性的诉求,对政党法和选举制度又一次进行调整。2011年12月6日,普京在与民众"直播连线"时承诺,将在全国所有投票站安装网络摄像头,消除选票造假行为的再次出现。[①] 2011年12月22日,时任俄罗斯总统的梅德韦杰夫发表国情咨文,表示俄罗斯将开启全面政治体制改革进程。具体改革内容包括:简化政党注册手续,将政党最低人数标准降低至500人;改革国家杜马选举制,从比例制回归混合选举制;减少总统选举候选人注册所需签名数,政党提名的候选人所需签名数从200万降至30万,独立候选人的签名从15万个减少至10万个;直选各地区行政长官;扩大政党在中央选举委员会和地方选举委员会的作用等。同时,撤销主张打压反对派的苏尔科夫总统办公厅主任的职务,换成主张与反对派沟通的沃洛金来主管政治改革。

上述改革措施在一定程度上平息了俄罗斯社会对俄罗斯政府、甚至对普京总统的不满情绪,为普京在2012年总统大选获胜扫除了障碍。

(二) 现行国家杜马选举制度的确立

2012年3月4日,俄罗斯第六届总统大选举行,普京以63.64%的支持率成功当选为新一届俄罗斯总统。虽然结果是意料之中,但胜利来之不易。普京在莫斯科马涅什广场上发表演说时,语未出,泪先流,可见对这次胜利感慨良多。鉴于第六届国家杜马选举所引发的抗议风波给普京政权所带来的危险性,普京在其新一任期内进行了一系列政党、选举立法改革,以增强政治竞争性。在此背景下,第五部国家杜马代表选举法制定出台,国家杜马选举制度也稳定于这版选举法,在这之后,只是对该版选举法进行修订。

---

① "Линия Путина-Премьер ответил на вопросы россиян", https://rg.ru/2011/12/16/liniya.html.

1. 政治改革下新版国家杜马代表选举法的制定

前文已提到，2012年3月28日，俄罗斯政府出台政党法修正案，一是大幅降低建立新政党所需人数，由四万名降至500名；二是不再规定政党地区分支机构的最低人数，也不再要求政党必须在至少半数以上联邦主体内拥有分部；三是国家杜马党参加新一届杜马选举无须征集选民签名。上述举措极大调动了各种政治力量建党积极性，合法政党由七个猛增到73个（截止到2013年9月27日）。①

在执政当局全面开启政治改革的大背景下，2014年2月14日，国家杜马又通过了新的选举法。该选举法与2005年选举法相比，又有一些新的变化，其实质也是普京政权"疏堵结合"式政治改革的配套工具。

第一，改变选举模式，降低入选门槛，提高选举的竞争性。选举模式由原先的比例制回归到混合选举制。在全联邦选区，只能由政党推荐候选人，获得选票总数5%的候选人及其政党即可进入国家杜马。获得3%以上支持率的政党将获得国家财政补贴。同时，政党不得组建竞选联盟。

第二，候选人提名与注册条件相对宽松。在单名制选区，候选人可以自荐或政党推荐，但一个政党只能提名一名候选人。自荐者应征集不少于选区选民总数的3%的签名，若是选区选民人数少于10万，则至少需要3000个选民签名。全联邦选区候选人只能由政党提名，须征得20万个支持者签名，每个联邦主体获得选民签名数不得超过7000个。如果是上届杜马党或杜马成员，则免于收集签名。

第三，进一步规范参选政党的竞选活动。一是在推荐候选人时，必须召开党员代表大会，进行公开的党内选举。禁止代表席位转让。二是必须向大众公布竞选纲领。三是候选人必须参加公开的选前辩论，否则，将取消参选资格。

---

① 盛世良：《俄罗斯多党政治的新变化》，载《当代世界》，2013年第12期，第28页。

第四，单名制选区采用花瓣式选区划分原则，即大城市被划分为了几大块，每大块与周边数个区镇一起构成一个单名制选区。将候选人名单的25%为非党成员的这个比例提高到50%等。

2. 现行国家杜马代表选举法的实践：第七届国家杜马选举

根据该选举法，2016年9月18日，俄罗斯举行了第七届国家杜马选举。此次选举期间，75个政党获准在司法部登记，有权参与选举。经过审核，14个政党可以推荐候选人名单参加选举。[①] 9月23日，俄罗斯中央选举委员会正式公布了选举结果：全国设有95 836个投票站，约5270万选民参加投票，投票率为47.9%。统一俄罗斯党获343个席位（比第六届国家杜马议席增加105席）；俄联邦共产党获42席（减少50席）；自由民主党获39席（减少17席）；公正俄罗斯党获23席（减少41席）。其他党2席（公民纲领党和祖国党各1席），无党派人士1席（自荐候选人富拉季斯拉夫·列兹尼克）。[②]

为保证选举的透明性和公正性，俄罗斯当局采取一系列措施。第一，改组中央选举委员会，进一步增加其权威性。替换委员会九名成员，任命原人权事务代表艾拉·帕姆菲洛娃担任中央选举委员会主席。帕姆菲洛娃是俄罗斯历史上第一位竞选总统的女性，在俄罗斯国内享有很高的声誉。同时要求中央选举委员会应及时发布选举动态。第二，加强监督和监控，最大限度地保证选举的透明性。除了按照按惯例邀请数百名国际观察员观选外，参加选举的政党还可以向每个投票站派遣两名观察员对投票过程进行监督。俄罗斯政府还在境内所有投票站安装了摄像头等各种监视系统设备，以增加选举的公开性和透明度。如莫斯科选区的投票站共安装了6500部摄像头。俄罗斯电视台及相关网站也将随机对某一投票站的投票过程进行直播，让民众对选举过程

---

① "Список политических партий, имеющих проаво в соответствии с Федеральным законом《О политических партиях》принимать участие в выборах по состоянию на 17 июня 2016г"，http://www.cikrf.ru/politparty/MinUst/20160622.php.

② "Выбор в Госдуму-2016"，https://ria.ru/20160918/1476912507.html#summary.

有更加直观的感受。

第七届国家杜马选举总体平稳,没有发生像2011年第六届国家杜马选举中存在的大量违规行为和选举后大规模的抗议示威活动。俄罗斯中央选举委员会主席帕姆菲洛娃对此总结道,本届国家杜马选举的结果是有效的。不排除个别投票站或选区的选举无效,但不存在大量违规行为。她承诺与检察院和法院合作共同核查所有申诉。① 总之,自2012年以来,俄罗斯当局对国家杜马选举制度的一系列改革还是满足了民众对增加政治竞争性的诉求,对维护社会稳定发挥了一定的作用。

从选举结果可以看出,新一届国家杜马中政治力量格局并未发生重大改变。如表11所示,统一俄罗斯党继续维持主导地位,保持大比例优势,而且该党还创造了自建党以来参加历届国家杜马选举的最佳成绩。俄联邦共产党、自由民主党、公正俄罗斯党三党继续处于弱势。统一俄罗斯党再次赢得选举,不仅得益于普京在国内极高的威望,而且也是新选举法设计的结果。虽然选前各方对统一俄罗斯党在混合选举制原则下获胜抱有一丝担忧,但选举结果显示,单名制选区的选举对于统一俄罗斯党来说,并不是挑战,反而是赢得这次选举的基石。统一俄罗斯党在单名制选区获得203个席位,占据了其在杜马总席位的三分之二。之所以出现这样的结果,是因为中央选举委员会对单名制选区的重新划分,非常有利于提高统一俄罗斯党在该选区的获胜概率。单名制选区划分原则是"花瓣"原则,这是近十年来首次使用这一原则。这种规则实际上引起了争议。在杜马宪法委员会对选区划分图进行讨论的过程中,统一俄罗斯党和反对派发生了极大的分歧。统一俄罗斯党认为这一划分"体现了各地区的人口状况"。反对派则认为,统一俄罗斯党在城市尤其是大城市的支持率较低,其优势主要在乡村和中小城市,这种每个选区同时包含城市和乡村的划分方式无形

---

① "ЦИК обнародовал результаты выборов в Госдуму", https://rg.ru/2016/09/23/cik-obnarodoval-rezultaty-vyborov-v-gosdumu.html.

中会扭转统一俄罗斯党的这一劣势,提高了它的得票率。① 俄罗斯不少政论家也认为,单名制选区的重新划分,将统一俄罗斯党得票率相对低的地区与其得票率高的地区组合在一起,不仅达到进一步提升自身支持率的效果,而且分散了反对派力量,降低了反对派在一些大城市中的优势。② 此外,统一俄罗斯党自 2011 年以来通过党内领导机构差额选举、党内预选等方式加强了党内部建设,在地方上也苦心经营,积累了雄厚的选举动员基础,这也有利于该党在短时期内能号召更多的选民为其投票。

此外,除了政治设计以外,"后克里米亚共识"的意义不言而喻,而"危机源自国外"的认识则是政治稳定的"助推器"。普京当局 2014 年"收回"克里米亚,2015 年出兵叙利亚,给俄罗斯民众带来极大的大国荣誉感。俄罗斯自由民主党、俄联邦共产党和公正俄罗斯党这些体制内的反对派也是"后克里米亚共识"的主要政治力量。③ 正是因为这种共识,地方选举期间出现了包括统一俄罗斯党在内的各政党之间的默契联合,这种现象一直持续第七届国家杜马选举。据俄罗斯媒体选前披露,统一俄罗斯党等四党之间在单一选区的席位分配上达成了秘密共识,以至于在俄罗斯政坛至少在表面上呈现出党派大团结的局面。④

---

① "Нарезка избирательных округов столкнулась с сопротивлением в Госудуму. 2015. 09. 22", http://www.rbc.ru/politics/22/09/2015/5601352a9a79477cc994337a.

② "Новая нарезка избирательных округов:《расщепление》оппозиции. Центр экономических и политических реформ", http://cepr.su/wp-content/uploads/2015/10/Новая-нарезка-избирательных-округов2.pdf.

③ "Олег Анатольевич Матвейчев, Новая политсистема тест сдала", http://www.ng.ru/politics/2016-09-20/3_kartblansh.html.

④ 庞大鹏:《俄罗斯的政治稳定:社会基础与制度保障》,载《俄罗斯东欧中亚研究》,2017 年第 1 期,第 52—70 页,第 157 页。

表 11　第七届俄罗斯国家杜马选举席位分布表

排名	政党名称	全联邦选区得票率（%）	所获席位（个）	单名制选区所获席位（个）	总席位（个）	所占比例（%）
1	统一俄罗斯党	54.20	140	203	343	76.22
2	俄联邦共产党	13.34	35	7	42	9.33
3	自由民主党	13.14	34	5	39	8.67
4	公正俄罗斯党	6.22	16	7	23	5.11

资料来源：根据前文材料整理。

四、第四任期（2018年至今）：加强对候选人资格限制

2020年以来，俄罗斯内外环境开始变得更为险峻。国家内部正经历新冠肺炎疫情肆虐和社会经济危机，外部环境压力加大，俄与美国及一些西方国家关系恶化。在此背景下，要保障第八届国家杜马选举顺利平稳举行是俄罗斯当局的首要任务。此次杜马选举还直接关联到2024年总统大选，对于普京连任具有重要意义。鉴于复杂的国内外环境，为保障2021年第八届国家杜马选举的可控性和稳定性，俄罗斯当局对选举法进行了补充和调整。

（一）增加对候选人资格限制的举措

为避免以纳瓦利内为首的体制外反对派对选举产生负面影响，俄当局为其"量身定做"了一些条款。

第一，加强了国家主权的属性。2021年4月新修订的国家杜马代表选举法规定，只有年满21岁且永久居住在俄罗斯的俄罗斯公民才有权被选举为国家杜马代表。之前仅强调是年满21岁的俄罗斯公民，并未要求属地。

第二，增加对拥有犯罪记录候选人资格的限制。新修订的选举法增加了对触犯刑法某些条款，包括侵害人身犯罪、经济犯罪、滥用职

权等公民参选的限制，即自释放或提前释放之日五年内不得参加选举。这一条成功将纳瓦利内排除在选举之外，彼时纳瓦利内还在监狱服刑。

第三，严禁极端主义组织参选。2021年6月4日，俄颁布法律，不允许极端主义组织及其成员、赞助者参与议会选举。① 随后不久，莫斯科市一法院裁定与著名反对派领导人纳瓦利内关联的数个组织涉极端主义，称其在境外反俄势力操纵下发动颜色革命，破坏俄宪法体制基础，要求立即取缔"反腐基金会""公民权利保护基金会"，禁止"纳瓦利内总部"的活动。2021年8月初，俄罗斯司法部将这三个组织列入取缔清单，其所有标志物被禁止使用，媒体提到它们时必须注明这一组织是被禁止的。

国家杜马代表选举法也相应地增加了条款，② 规定极端组织或恐怖组织的创始人、负责人一律不准参加选举活动，而其成员或相关人员三年内不能参加选举活动。根据此规定，上述与纳瓦利内相关的三个组织及其成员27名候选人选举期间被拒绝登记。

第四，规范曾是外国代理人及相关人员的参选活动。即在选举前两年内被认定为外国代理人及为相关组织机构工作的公民，参选时必须在竞选材料、与选民会面和选票中注明自己的身份，此类信息应至少占据竞选材料的15%。第八届国家杜马选举中，"亚博卢"集团的候选人名单上的安德烈·皮沃瓦罗夫就被要求提供相关信息，皮沃瓦罗夫曾是非政府组织"开放俄罗斯"运动的执行主任，"开放俄罗斯"已被俄当局认定为外国代理人并取缔。

（二）提高投票率，增强选举的合法性

于2021年9月举行的俄罗斯第八届杜马选举投票率为51.7%，高

---

① "Путин подписал закон о запрете избираться причастным к экстремизму", https://ria.ru/20210604/putin-1735587365.html? in=t.

② Статья 4, пункт 8. В редакции Федерального закона от 05.04.2021 № 89-ФЗ《О выборах депутатов Государственной думы Федерального Собрания РФ》.

于上届的 47.9%，这也得益于当局修订了相关法律。

一是将投票时间延长为三天。2020 年 7 月，俄罗斯国家杜马对《俄罗斯联邦公民选举权基本保障法》中关于投票时间进行了修订，规定投票可以连续进行三天。

二是扩大在线投票地区为七个。这七个地区分别是莫斯科、塞瓦斯托波尔、下诺夫哥罗德、雅罗斯拉夫尔、库尔斯克、摩尔曼斯克和罗斯托夫，上述地区的选民可以于 8 月 2 日至 9 月 13 日期间在国家服务网站（gosuslugi.ru）提交在线投票的申请，并于 9 月 17 日至 19 日在官方投票网站（vybory.gov.ru）上投票。中央选举委员会副主席尼古拉·布拉耶夫指出，如果选民选择网上投票，就不能到他所在选区再次投票。拥有俄罗斯公民身份的顿涅茨克和卢甘斯克人民共和国居民将首次能够参与电子投票。俄罗斯总统普京、总理米舒斯京、统一俄罗斯党主席梅德韦杰夫先后通过网络方式完成投票。

三是允许"移动选民"到实际所在地投票，而不是前往选民登记地投票。此举为这部分选民省去麻烦，提高他们的投票的积极性。此外，取消了"沉默日"，各类竞选活动可以持续到投票日零点，这也是一种吸引更多人关注此次选举的一种方式。

更为重要的是，投票日前一天，普京号召民众行使权利积极参与投票。他表示，希望俄罗斯人秉持负责任、平衡、爱国的公民立场，选出为国家福祉和人民利益工作的代表。

（三）加强对大众传媒的管控

为防止国内外媒体联动生事，本届杜马选举加强了对媒体的管控。

第一，严格监督互联网上违法竞选材料的传播。2021 年 6 月 15 日，中央选举委员会与俄联邦消费者权益保护和公益监督局签署合作协议，监控竞选材料的宣传、违规识别等。在此协议框架下，消费者权益保护和公益监督局限制了对纳瓦利内开发的"智能投票"网站的访问，理由是 50 万该网站用户信息被泄露，并且该项目的开发者"与五角大楼有某种联系"。①

第二，将亲西方媒体列为外国代理人。新修订的选举法第 11 条规定，被定为外国代理人的大众传媒，即使其法人代表为俄罗斯人，也不允许参加选举活动。② 根据俄罗斯《外国代理人法》，列为外国代理人的机构组织将不能参加选举活动。2021 年以来，俄罗斯政府相继将亲西方媒体"美杜莎""雨"电视频道、《重要历史》杂志以及选举监察机构"声音"定为外国代理人，禁止其参与选举活动。同时，对谷歌、推特、脸书等西方社交媒体网站违禁内容加大处罚力度，严控西方媒体"生事"。

第三，进一步明确新闻记者信息。选举前，新闻记者应向选举委员会登记详细的个人信息，并按中央选举委员会规定的程序进行相关新闻报道。

第四，视频直播范围变窄。2012 年国家杜马选举开始实行的视频直播范围有所改变，即现场直播只对"参与选举过程的人"开放。政党和候选人可以在封闭门户网站上收看直播，普通老百姓则前往各级选举委员会观看。

同时，普京也强势助选。2021 年 6 月，普京宣布将一次性支付退休人员一万卢布，军人 1.5 万卢布，而退休人员和军人是统一俄罗斯党的主要支持者。同时，普京提名统一俄罗斯党五大领衔候选人，分别是国防部长绍伊古、外长拉夫罗夫、抗疫英雄普罗琴科、全俄人民阵线联合会主席什梅廖娃、儿童权益专员库兹涅佐娃，他们分别代表了军队、外交、健康、教育和家庭，都具有很高的社会声望，有助于统一俄罗斯党提高支持率。此外，在社会民生领域，俄罗斯在新冠肺炎疫情期间加大民生政策向弱势群体倾斜力度确保了民众心态的稳定。普京 2021 年 4 月 21 日发表的国情咨文是俄罗斯民生政策向弱势群体

---

① "Разработчики 'Умного голосования' связаны с Пентагоном, заявили в МИД", https://ria.ru/20210911/golosovanie-1749662400.html.

② Статья 11. В редакции Федерального закона от 05.04.2021 № 89-ФЗ《О выборах депутатов Государственной думы Федерального Собрания РФ》.

倾斜的主要标志。不仅如此，在 2020 年宪法修正案中，俄宪法第 75 条新增三项与民生有关的内容：俄罗斯联邦尊重公民的劳动，并保障其权利；国家保障最低工资不低于俄联邦全体居民基本生活费；俄联邦按照普遍、公平和团结的原则建立公民退休金制度，并支持其有效运行。俄立法保证最低劳动报酬和最低退休金不低于"贫困线"，这对稳定俄社会情绪具有显著效果。在普京的要求下，统一俄罗斯党竞选纲领以总统国情咨文为基础，内容涉及诸多民生问题，包括了很多普通民众的倡议，有利于统一俄罗斯党赢得民心。

第八届国家杜马选举仍采用混合制。在全联邦选区，由 14 个政党提名的 3812 名候选人参选，[①] 在单名制选区，共有 2030 名候选人登记。注册选民 1.08 亿人，海外选民超过 200 万，投票率 51.7%。统计结果显示，共有五个政党进入新一届国家杜马，这是俄罗斯 18 年首次有五个政党一起进入杜马。如表 12 所示，统一俄罗斯党大获全胜，得票率为 49.79%，略低于上届的 54.2%，获得 324 个议席，超过宪法多数的 300 席，保住了国家杜马主导地位；俄联邦共产党得票率明显上升，为 19.04%（57 席）；公正俄罗斯-为了真理党，由于两党合并，得票率略有上升，为 7.46%（27 席）；自由民主党得票率下滑近六个百分点，为 7.55%（21 席）；新人党[②]首次入围，得票率 5.32%（13 席）；还有"增长"党、"公民平台"党及祖国党代表各一人；五个独立候选人也进入杜马。此外，右翼政党继续被边缘化，无一进入。如老牌右翼政党"亚博卢"集团仅获 1.32% 得票率，比上届又下滑 0.5%，已失去国家补助资格。

---

① 共有 290 名候选人被排除在联邦名单之外,新人党副主席亚历山大·达万科夫(因双重国籍问题)、列宁国营农场主任帕维尔·格鲁季宁(因在个人申报书中隐瞒私人财产)等人被拒绝登记。

② 新人党于 2020 年 3 月建立,党主席涅恰耶夫为商人,也是全俄人民阵线中央委员,从某种意义上讲,该党也是亲政权的政治力量。该党定位为青年政党,代表俄年轻群体的利益。在后苏联一代和普京一代先后登上政治舞台、占据选民数三分之一的背景下,新人党既得到了政权的支持,又能弥补现政权在青年领域的政策短板,因此其前景被很多人看好,这也是该党能够进入国家杜马的关键因素。

选举结果表明，国家杜马选举代表法相关条款的变化，是统一俄罗斯党再次获胜的重要原因。如表13所示，俄罗斯执政当局再次以制度设计的方式保障了国家杜马选举的稳定和可预见性。统一俄罗斯党的胜利，代表着修宪确定的普京治国理政理念得到民众的进一步支持和认可，这对俄罗斯未来发展的影响是全局性和根本性的。修宪使普京掌握了连任的主动性，而此次杜马选举保障了这个主动性。

表12　第七、第八届俄罗斯国家杜马代表选举席位对比一览表

排名	政党名称	全联邦选区 得票率（%）		全联邦选区 所获席位（个）		单名制选区 所获席位（个）		总席位 （个）	
		第七届	第八届	第七届	第八届	第七届	第八届	第七届	第八届
1	统一俄罗斯党	54.20	49.79	140	126	203	198	343	324
2	俄联邦共产党	13.34	19.04	35	48	7	9	42	57
3	自由民主党	13.14	7.48	34	19	5	2	39	21
4	公正俄罗斯-为了真理党	6.22	7.41	16	19	7	8	23	27
5	新人党		5.22		13				13

资料来源：根据俄罗斯中央选举委员会网站资料整理。

表13　当代俄罗斯国家杜马代表选举体制变化一览表

选举时期（年）	选举方式	议会席数（个）	选区规模席数（个）	当选门槛（%）
1990—1993				5
1993—1995	混合制	450	单名制选区：225	5
1995—1999			比例代表制：225	3—5
1999—2003				5
2003—2007	比例制	450	比例代表制：450	7
2007—2011				
2011—2016	混合制	450	单名制选区：225	5
2016—2021			比例代表制：225	

第四章　俄罗斯国家杜马选举制度与政治稳定

普京总统在谈到俄罗斯民主政治发展时,以俄罗斯20世纪90年的历史动荡和变革失败为教训,认为恢复国家权力和主权才是任何民主的基础,才是改革和发展的前提。① 2012年,普京在新任期刚开始时就表示,未来几年对于俄罗斯和全世界而言都具有决定性甚至转折性意义,全球正在步入大变革甚至是大动荡的年代。在这个时代和阶段,俄罗斯唯有稳定才能发展。因此,政治稳定已经被提升到俄罗斯国家发展的首要位置。"正是那些捍卫俄罗斯国家利益、主张政治稳定和国家发展及巩固国家的政治力量才能获得支持。"② 国家杜马选举制度作为政治系统制度,它的演变与俄罗斯政治转型进程是一致的,在推动俄罗斯政党制度、议会制度的完善,促进中央政权的强大及引导大众政治参与方面发挥了重要作用,实现了普京政权保持俄罗斯政治稳定的目标。国家杜马选举制度的不断完善,从另一个侧面也反映出俄罗斯政治控制的"无懈可击",给未来国家政治稳定的持续性带来一些隐忧。

---

① "Демократия и качество государства", https://www.kommersant.ru/doc/1866753.
② "Встреча с вновь избранными руководителями субъектов Российской Федерации", http://www.kremlin.ru/news/46634.

第一节　推动有序政党格局的建立

有序成熟的政党政治是代议制国家政治稳定的保障。众所周知，动荡的现象贯穿着俄罗斯独立后政治转型的最初十年。当时俄罗斯出现的这种政治不稳定是由于各种政治势力粉墨登场，选民们在不同倾向的政党间摇摆（选民变动率是42%—52%），[1]反映出20世纪90年代俄罗斯政党体系弱小，处于初级阶段。

第一，政党数目繁多。仅1991年上半年，俄联邦就出现800多个政党和政治组织，至1993年增至1000多个。[2] 1995年12月国家杜马选举前更是爆发性增长到2000多个。1999年，即俄联邦政党法出台前一年，仅联邦层面的政党及各类政治组织就多达140余个。[3]政党数量过多，在政党政治的发展中是具有较大负面影响的。法兰西第四、第五共和国时期的动荡也体现了这一点。政党数量如此众多，不仅不利于社会整合，同时在民主化进程中也产生了非常负面的作用，从侧面加剧了俄联邦政治的碎片化和本就混乱的政治生态。

第二，政党之间的差异性过大，构成错综复杂。按照左右翼进行区分，可以分为左翼、右翼及中间翼。在这中间又可以分为保守派、温和派、极端派。在意识形态上，有信仰自由主义、社会主义、民族主义以及社会民主主义的；按照对政权的态度，可以分为政权党和反对政权的党。[4]这种体制具备了萨托利所提出的极化多党制的某些特征，主要表现为"离心驱动力对向心驱动力的超越，政治生活中出现

---

[1] 包承柯主编：《转型体制下各国政党体制与选举制度研究》，上海：上海人民出版社，2012年版，第15页。

[2] Малинова О., *Общественно-политические движения и политические партии России*, М.：ИНИОН,1994,2 с.

[3] Гаджиев М., "Сколько в России партий?", *Российская газета*,16 января 1999.

[4] 刘淑春：《当代俄罗斯政党》，北京：中央编译出版社，2006年版，第32—33页。

了不负责任的反对党"。①

第三，政党组织上的不完备。现代政党的标志就在于拥有强大的组织力量，严格的政治纪律和完善的组织体系。亨廷顿认为政党发展的高级阶段即制度化的阶段，这个时候政党扩大了自身的组织以及运行方式，政党之间的关系也相对比较稳定。即使我们认为组织相对比较松散的美国政党，党内也都有严格的纪律保证选举的成功。而叶利钦时期很多政党和政治组织虽然都有自己的政纲和政治主张，但对其章程的制定却流于形式，没有严格的纪律。这导致一些政党的领导人为了自身的利益暂时结合到一起，事后分道扬镳的现象很普遍。尽管叶利钦在位时期为政党制度化进行了努力，颁布了1993年宪法，完善了选举制度，但是总的来说，这一时期政党的制度化程度仍然较低，政党运行失范。"叶利钦时代的政治被认为最能预测的就是其不可预测性，其根源在于民主化的初期，国家和社会缺乏规范化和制度化的运作方式。"②

第四，政党与政权分离。政党的主要功能之一是加强政府与民众的联系。但在俄罗斯政治中，特别是叶利钦执政时期，政党却只充当了政权斗争的工具，并没有彻底融入国家政治发展进程。政党本身在国家政治现代化进程中发挥的作用受到极大限制，既不能有效聚合民意，也无法进行利益聚合和利益表达。同时，在执政者同政党脱钩和混合选举制度的共同作用下，俄罗斯政治体制中长期存在没有多数党的议会和没有执政党的议会现象。执政者没有议会多数党的支持，甚至是没有政党的支持，导致行政权与立法权极端对立。

众所周知，政党是政治制度的基本要素之一，是社会与国家之间的联系桥梁。为了促进政治发展，稳定混乱局面，必须建立一个的制度化政党体系。而国家杜马选举制度则是助推器之一，毕竟选举制度

---

① 乔万尼·萨托利著,范明进等译:《政党和政党体制》,北京:商务印书馆,2006年版,第192—197页。
② 庞大鹏:《俄罗斯宪政之路》,长春:长春出版社,2005年版,第119页。

与政党体系密不可分。选举对政党有巨大的刺激作用。

普京对俄罗斯多党制的设想是只有三四个政党并存的政党格局。为实现这一目标,普京上台之初,不仅颁布了政党法,通过立法来规范政党行为,而且还出台与之相配合的2002年版国家杜马代表选举法,筛选和过滤中小政党,直接催生了俄罗斯政党的大规模重组。各政党积极行动,全国性政党也主动吸收被边缘化的地方性政党,力求达到人数、地方组织和5%得票率等要求。在不断吸收小党派的过程中,大党派得以扩大自身实力,而小党派也通过融入大党派而继续存在。因此,这一时期俄罗斯境内的政党数量迅速减少,从而减轻了政治竞争的激烈程度并使大党派迅速发展,奠定了日后俄罗斯国家杜马内部的政党格局与基本力量对比。如1999年1月在司法部登记注册的全国性政党和社会组织总计141个,① 但到2003年第四届国家杜马选举时,在司法部登记注册且拥有参选权的政党数量共44个,而最终仅有四个政党进入国家杜马,只包括统一俄罗斯党、俄联邦共产党、自由民主党和"祖国"联盟等四个政党。这四个政党的政治主张主要代表中间和左翼,他们之间的竞争和对话只是国家发展政策之争而不是国家发展方向之争,有利于俄罗斯政治稳定。可以说,2003年的国家杜马选举成为整个国家政党制度的分水岭,奠定了俄罗斯议会四个政党议员党团制度的基础。

考虑到自由主义思想在20世纪90年代对于俄罗斯政治稳定的危害,普京吸取教训,在其设立的政党格局中是没有右翼政党的。怎样通过制度设计,将右翼政党排除在政党体系之外一直是普京政权政治治理的目标。2005年颁布的《俄罗斯联邦政府法修正案》允许俄罗斯政府官员加入政党并参与政党活动。同年颁布的国家杜马代表选举法修正案将选举原则从混合制改为比例制。理论上看,比例制有利于小党的发展,因为只要赢得一定比例的选票就能够进入议会,但是俄罗

---

① 薛福岐、李雅君:《俄罗斯政党制度及其改革》,载《俄罗斯中亚东欧研究》,2006年第1期,第18—23页。

斯当局采取了一些补充规定,比如给予议会多数党优先参选权,禁止成立竞选联盟、杜马门槛从5%提高到7%等等,这些措施限制了中小政党联合参选的可能性,打乱右翼政党组成竞选联盟的策略,作为独立个体同时又缺乏民选基础的中小右翼政党被挡在了议会门外。2007年第五届国家杜马选举结果表明,通过进一步改革国家杜马选举制度和政党法,统一俄罗斯党继续在选举中获得更多票数,席位优势进一步扩大。以四个政党为主的政党格局基本得以固定,俄罗斯多党制的稳定性和可控性都得到进一步提升。

国家杜马选举制度的不断改革和完善是俄罗斯稳定可控的政党格局维持至今的主要条件之一。第八届国家杜马虽然存在新进入的"新人党",但该党是中间政党,其政治主张与普京的治国理念并不冲突,赞同俄罗斯的发展道路,只对一些具体政策表达异议。正如俄罗斯公共关系协会主席明琴科表示,"不管什么党的代表进入俄罗斯议会,都会支持执政党,他们都在克里姆林宫划定的规则范围内行事,不打算采取任何出格行动。就算有人想那样做,统一俄罗斯党无论如何也会保持宪法多数,这足以保证其独立做出任何决定。垂直权力体系看起来仍不可动摇。"当前以右翼政党为主的体制外反对派虽然存在,但几乎被排除在国家政治舞台外。如老牌右翼政党"亚博卢"集团在第八届国家杜马选举中仅获得1.32%得票率,比上一届又下滑0.5%,已失去国家补贴资格。在政府出台各种限制性政策的情况下,右翼政党生存空间进一步被压缩,活动积极性显著下降。即便它们联合起来,也难以获得杜马选举中的胜利,甚至还有可能被剥夺选举的资格。①

---

① "Фонд ИСЭПИ представляет доклад 《Избирательный цикл – 2014: институциональное значениерегиональных и муниципальных выборов для развития партийной и избирательной систем》", http://politanalitika.ru/upload/iblock/652/652212b2e68f8737d90410e0cee7ca8b.pdf.

第二节 保障普京政权的正当性与持续性

俄罗斯政党结构的特色是政权党（支持总统的党）的存在，这与大多数代议制民主国家不同。比如欧洲国家的多党政治基本上是两到三个党鼎立，相互制衡，不存在一党独大的格局。1993年以来，在国家杜马中先后出现的政权党有"俄罗斯选择""我们的家园-俄罗斯""团结"党、统一俄罗斯党。政权党只有成功控制立法权，才能保障和巩固总统的执政权力。因此，国家杜马选举制度除了要维护政党制度规定的多党民主，还要保证将国家杜马立法权集中于亲总统的政权党手中，以稳固普京的执政地位和政权的连续性。对此，普京政权不仅亲自打造了统一俄罗斯党，而且俄罗斯当局对国家杜马选举制度进行了数次政治设计，为统一俄罗斯党保驾护航，推动其做大做强，巩固其在杜马中的主导地位。

统一俄罗斯党的前身是俄罗斯执政当局在1999年为了国家杜马选举而组建的统一运动竞选联盟，由时任总理普京亲自抓运作，在1999年的国家杜马选举中获得约25%的选票。1999年俄罗斯国家杜马选举结束后，统一运动竞选联盟加快了组建政党的步伐。2000年5月27日，统一党成立；10月28日至29日，统一党召开二大，宣布统一党是"总统政权党"。2001年，统一党和"祖国"运动组建联合政党，4月实现了在国家杜马中的合并，7月12日两党正式联合，成立全俄罗斯"统一和祖国"联盟；10月，在联盟二大上，"全俄罗斯"运动被吸收为联盟成员。2001年12月1日，"全俄罗斯统一和祖国"党成立，简称"统一俄罗斯党"，成为支持总统的最大中派政治力量。以谢尔盖·绍伊古为首的统一党的成员主要是中央和各级政府机关的官员和职员，以尤里·卢日科夫为首的"祖国"运动的成员大多是首都莫斯科的政治精英、企业界人士和知识分子，以明季梅尔·沙伊米耶夫为首的"全俄罗斯"运动则代表各地方的实力派和官吏的要求。三个政治组织一致的方面主要体现在它们都支持俄罗斯总统普京。2001年12月18日，统一俄罗斯党在俄罗斯司法部登记注册。2002年11月，格雷兹洛夫当选统一俄罗斯党最高委员会主席。在2003年俄罗斯第四届国家杜马选举中，统一俄罗斯党成为杜马第一大党，在现代俄罗斯历史上第一次成功地在国家杜马中形成所谓的"宪法多数派"[①]表明普京巩固权力的基础在继续。

目前施行的国家杜马代表选举法非常有利于统一俄罗斯党胜选。一是虽降低了政党入选门槛，扩大了政党参选比例，但为了防止国家政党碎片化再次出现，不允许成立政党竞选联盟，虽吸引了大批中小政党参选，但又形不成气候，却分散了反对派选票，无力对统一俄罗斯党构成威胁。2021年选举期间，党派名单中不予登记率不到3.5%，是2016年的一半，但由于禁止成立竞选联盟，多而散的小党无法对统一俄罗斯党造成影响。

二是候选人名单的50%可为非党成员。统一俄罗斯党充分利用了这一规定。该党将大量社会各界人士和其他党派的代表列入其竞选名单中，扩大了该党的社会影响。2013年6月，全俄人民阵线改组为社会运动，联合了1000多个社会组织。统一俄罗斯党充分利用全俄人民阵线，将社会名望者列入候选人名单中，全力争夺单名制选区名额。第七、第八届国家杜马选举中，统一俄罗斯党在单名制选区大获全胜，为其最终赢得杜马多数席位立下汗马功劳。此外，单名制选区的选举还增加了小党进入国家杜马的可能性，客观上造成杜马反对党所占席位趋少、分散，更难以形成针对统一俄罗斯党的合力。

三是规定"花瓣"式原则划分单名制选区。这种单选区划分原则由统一俄罗斯党提议，中央选举委员会通过，遵从了城市和乡村结合的原则，即大城市被划分为几个大区，每个大区与周边数个区镇一起构成一个单名制选区。因为大城市被几个选区分为几扇，形似几片花

[①] 宪法多数派，即国家杜马议席中的三分之二，按照俄罗斯宪法规定，修改法律需要得到国家杜马当中三分之二多数通过。

瓣，因此这种划分又被称为"花瓣"模式。这种每个选区同时包含城市和乡村的划分方式扭转了统一俄罗斯党在大城市得票率低的劣势，同时也削弱了反对派在一些大城市的优势。俄罗斯经济与政治改革中心在其相关究报告中对几个选区进行案例分析，[①] 认为选区的重新划分，打碎了城市中的反对派力量，将统一俄罗斯党选举中的薄弱区域与其相对支持率高的区域重新组合，以达到降低反对派优势的效果。第七届国家杜马选举中首次采用这种划分规则，效果明显，统一俄罗斯党在单名制选区获得203个席位，占据了其在杜马总席位的三分之二，充分表明"花瓣"划分选区方式是其获胜的基石。

四是严格限制候选人资格。除了符合政党法的政党有资格提出候选人外，对于候选人本身资格也有种种限制，包括加强了国家主权的属性，只有年满21岁且永久居住在俄罗斯的俄罗斯公民才有权被选举为国家杜马代表。之前仅强调是年满21岁的俄罗斯公民，并未要求属地。增加了对触犯刑法某些条款，包括侵害他人人身犯罪、经济犯罪、滥用职权等公民参选的限制，即自释放或提前释放之日五年内不得参加选举。同时，严禁极端主义组织参选，管控曾是外国代理人公民的竞选活动等等。上述条款实际上都是为体制外反对派量身定做，避免其对选举产生过度影响。第八届国家杜马选举期间，与反对派领导人纳瓦利内相关联"反腐基金会""公民权利保护基金会""纳瓦利内总部"及其成员27名候选人被拒绝登记。上述三个组织在2021年6月已全部被俄罗斯当局裁定为极端主义组织。此外右翼"亚博卢"集团的候选人皮沃瓦罗夫也被要求提供其在担任"开放俄罗斯"运动主任期间的相关材料，而"开放俄罗斯"已被俄当局认定为外国代理人，现已被取缔。

五是加强对媒体的控制。当今网络时代，网络舆情对政权稳定具有巨大影响力。2012年至今，俄罗斯政府一直在建立技术基础设施，

[①] "Новая нарезка избирательных округов：《расщепление》оппозиции"，http：//cepr. su/wp-content/uploads/2015/10/Новая-нарезка-избирате-льных-округов2. pdf.

完善法律体系，从"网络黑名单法""反盗版法""封闭极端主义网站法案"到"博主法案"，对互联网进行管制。纳瓦利内中毒事件的发酵和影响，再次证明网络安全的重要性。为了防止外国势力通过网络舆情来操纵和干扰选举，国家杜马代表选举法第11条规定，被定为外国代理人的大众传媒，即使其法人代表为俄罗斯人，也不允许参加选举活动。① 2021年以来，俄罗斯政府相继将亲西方媒体"美杜莎""雨"电视频道、《重要历史》杂志及选举监察机构"声音"定为外国代理人。按规定，这些媒体都不能参与选举活动。此外，新闻记者应及时向选举委员会登记详细的个人信息，并按中央选举委员会规定的程序进行相关新闻报道。

总之，国家杜马代表选举法相关条款的变化是统一俄罗斯党获胜的直接原因。如图3所示，统一俄罗斯党在第五届至第八届杜马大选中平均得票率基本维持在50%左右，远远高于其他杜马政党的得票率，一党独大的地位稳固。虽然统一俄罗斯党在国家杜马选举中的席位存在上下波动的态势，但从选举结果可以看出，统一俄罗斯党在议会中所占有的席位是具有绝对优势的。统一俄罗斯党的胜利代表着行政和立法大权皆归于总统，保障了普京执政地位的巩固。同时，统一俄罗斯党最近一次党员人数统计是211万余人，② 占人口总数接近1.5%，发展迅猛。从统一俄罗斯党的地位也可以看出普京政权的稳固程度。特别是2021年9月举行的第八届国家杜马选举直接关联2024年总统大选，统一俄罗斯党的获胜保障了2024总统大选前政治局势的稳定，而且对于普京连任具有重要意义。修宪使普京掌握了连任的主动性，而国家杜马选举保障了这个主动性。

---

① Статья 11. В редакции Федерального закона от 05.04.2021 № 89-ФЗ《О выборах депутатов Государственной думы Федерального Собрания РФ》.

② "Источник: число вступивших в Единую Россию в марте выросло в шесть раз", https://ria.ru/20220406/partiya-1782002890.html?Ysclid=lbewhrbdvy370558621.

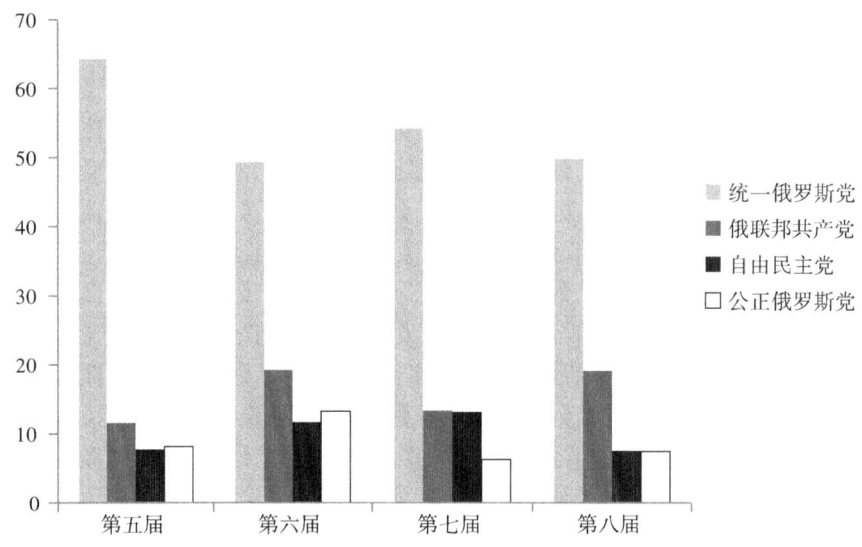

图3 第五—八届国家杜马选举各政党得票率分布图（2007—2021年）

第三节 促进有序政治参与

现代国家中，政治参与是公民的宪法权利。选举则是政治参与的最主要形式，通常是通过选举制度来引导公民政治参与。有效的政治参与能使政治体系获得公众的感情支持，促进政治稳定，而无序的政治参与则可能导致权威的迅速流失，造成政治的不稳定。

进入21世纪以来，俄罗斯发生街头政治事件的情况不断减少。苏联解体前的一段时期和叶利钦时期，公民社会参与度曾一度处于较高水平，但由于是无序参与，社会经常处于动荡状态。苏联解体前夕，对现存体制的不满及对现代化的向往刺激了超前的经济和政治要求，民众希望通过积极的政治参与使系列改革收到立竿见影的效果，从而出现了第一个参与高峰。当时调查显示，70%的民众表示，在决定"是否参与政治"这个问题上，现在比以前更为自由。[1] 当时的政党如

---

[1] Richard Rose, "Freedom as a Fundamental Value", *International Social Science Journal*, Vol. 145, No. 3, 1995, pp. 457–471.

雨后春笋般出现，各个政党对民众的影响力各有不同，由于没有政党法的约束，这个时期的俄罗斯政党体制是不稳定的，是流动性的，但民众还是通过参与选举的方式进行政治参与。在1999年国家杜马选举中，有61.7%的注册选民参与了投票，以实际行动来支持选举活动。俄罗斯国家杜马选举的投票率比当时美国总统选举的投票率高出20%。总之，叶利钦时期的民主政治发展呈现出较为混乱的状况，但以选举为依托，政治参与还是比较稳定。

普京时期，俄政权采取一系列措施加强中央权威，整顿多党政治，基本实现了三到四个政党主政国家杜马的目标，使国家治理逐步朝着制度化和规范化的方向发展，但这些改革措施也受到反对派和部分舆论的批评，认为这些措施是对公民自主自治能力意识的压制并导致社会的参与率有所降低。根据2003年至2011年调查的数据，受访者的参与率从2000年的65.74%降低到2008年的40%，到了2011年4月，这一数据降到了27%；与此相反，俄罗斯公民的不参与率从2004年的32%增加到2008年的45%，到了2011年年初这一数据达到了61%。这实际上为2011年第六届国家杜马选举结束后，俄罗斯爆发"白丝带运动"埋下了伏笔。社会抗议和示威本质上表达的是一种对沟通的需求，是政治参与的有机构成。因此，建立决策者与群众，即当局与人民之间有效的沟通渠道是当今世界政治进程中面临的普遍问题。俄罗斯在国家杜马选举制度设计和制度实施细节上的变化恰恰是出于这种考虑。

2011年年底发生的"白丝带运动"是俄罗斯独立以来爆发的最大规模民众示威活动，集会民众要求改革政治体制，释放政治犯，重新进行国家杜马选举，提前举行总统大选。示威抗议活动一直持续半年，蔓延至圣彼得堡、海参崴等地。为防止政局失控，安抚体制内反对派和平息民众不满情绪，时任俄罗斯总统梅德韦杰夫于2011年年底发表国情咨文，表示将开启全面政治体制改革进程。在选举制度方面，俄罗斯颁布了第五部国家杜马代表选举法，对选举法进行了重大调整，进一步增强了选举的竞争性,回应了民众加强政治竞争性的诉求。2016年9月18日,俄罗斯举行了第七届国家杜马选举,政治参与性和竞争性明显提高,没有发生大规模失序的抗议示威活动。这就表明,通过确立新的选举制度,一定程度上加强了政治参与的秩序化,消除了无序政治参与对国家政治和治理体制的冲击。

同时,为了规范民众的政治参与,普京政权出台了一系列法律,用法制手段严格管控反对派利用非营利性组织和网络公共空间开展组织和动员活动。特别是在第七届、第八届国家杜马选举之前,俄罗斯执政当局修改了国家杜马代表选举法,严格规定新闻媒体参与选举活动的条件,那些亲西方的新闻媒体不被允许参与选举活动。此外,为了提高政治参与率,新修订的国家杜马代表选举法还规定:延长投票时间、扩大在线投票地区、取消"沉默日"等等,普京在每一届国家杜马选举前都会号召更多的选民参加投票。

要确保政治参与的有序性。所谓有序,就是一要提供途径,二要维护秩序。参与途径通常都是以政党为组织依托,通过层层选举来实现参政目标,这些可以通过制定相应法案来实现。而秩序的实现才是关键,秩序意味着要划定行为界限,无论是公民个体还是各类组织,都必须在法律、规章,有时甚至可能是习俗的可接受范围内活动,一旦越界,将会受到强制约束,如此才能保证转型期间的社会稳定和基本公平。

第四节 国家杜马代表选举法完善背后的隐忧

俄罗斯通过对国家杜马选举制度的数次改革,实现了稳定的政党格局,有效保证了普京政权的稳固和社会稳定。国家杜马选举制度的不断完善,扩大了形式上的竞争性,提高了社会力及各政党的政治参与度和政治积极性。与此同时,这些改革措施是系统和配套实施的,其目的只有一个,那就是保持社会稳定和保证国家杜马对总统决策的机制的立法保证。但是,俄罗斯社会上一些有识之士和研究机构认为,这些措施在提高执政当局对政治的控制能力的同时,也给未来政治稳定带来一些问题和挑战,主要包括:

一是政治决策机制趋于僵化,不利于发挥地方和部门的广泛积极性。当前俄罗斯政治决策特点是集中,或曰中央集权治理模式,政治竞争被弱化,俄罗斯主要政党甚至达成了某种政治共识,在某些选举问题上还能密切配合和协调,政党竞争空间趋小,多样性渐变为趋同性。俄罗斯政权党与反对党(无论是体制内还是体制外)之间失衡局面已经被固化,居民和社会不同阶层利益诉求的表达渠道并不畅通。与此同时,政局稳定过分依赖于个人,即俄罗斯学界甚至政界常说的"手动驾驶",缺乏制度性制衡保证。这是俄罗斯正视历史传统在当代的体现。这种体制保证了俄罗斯的恢复性发展和社会政治稳定,但是历史进程容易因偶然因素遭受挫折,如20世纪80年代—90年代苏联和俄罗斯的政治乱象。此外,由于地方和部门对决策的影响有限,政治和社会生活中经常是稳定有余而创新不足。

二是政党政治权威和议会监督职能弱化。俄罗斯国家杜马选举制安排和选举组织保障决定了选举本身的可控性和可预见性,这在很大程度上降低了政权党的威望和其他政治力量的政治积极性。比如,受退休金改革、新冠疫苗接种及低迷的经济形势影响,第八届国家杜马选举前统一俄罗斯党的支持率一度降至30%,但俄仍以强大的制度保障、行政动员能力使统一俄罗斯党赢得选举并获得议会绝对多数席位。这种对比、反差实际上降低了民众对选举制度和政党制度的信任。同时,由于政权党统一俄罗斯党在国家杜马中占据宪法多数席位,国家杜马各议会党团之间的协同水平很低,导致议会与政府之间的关系不顺畅,议会也不能发挥有效制衡、监督总统和政府的作用。在俄罗斯,无论政权党在议会选举中获得多少选票,赢得多高的支持率,都没有组阁的权利。俄罗斯政党制度更多的是一种政治治理手段,是为巩固总统制服务的。正如普京曾说过的:"在后苏联空间,我们至今还没有形成稳固的全国性政党。在这样的条件下，怎么谈得到政党政府呢？假如那样做，就是不负责任。至于将来，一切都是可能的。但是，我认为这是未来的几代人要考虑的问题。"①

三是经济发展受政治进程影响突出。政治是经济的集中体现，政治又经常反作用于经济进程。有怎样的经济基础就会有相应的政治制度。这个规律的作用在俄罗斯尤其引人注目。这个问题在俄罗斯经常表现为权力和资本的关系或政府（当局）与实业界的关系。

垄断是俄罗斯经济的最主要特征。这个特点有深刻的历史传统，也影响着俄罗斯人的社会意识和政治治理理念。垄断着财富的经济精英与控制着权力的政治精英之间形成了一种特殊关系。当政府和实业界、权力和资本达成某种默契时，俄罗斯社会可以保持稳定，反之则会出现社会动荡。20世纪90年代，俄罗斯在私有化过程中出现了一批金融寡头，俄罗斯出现了寡头政治。寡头不仅控制了资本、资源和有限的劳动力资源，也控制了国家政治进程。金融寡头在俄罗斯恣意妄为，在政坛上呼风唤雨，几乎断送了俄罗斯。普京得以使俄罗斯稳定和发展主要是结束了寡头政治，并禁止寡头参政。当前，虽然垄断集团或从前的寡头势力形式上被排挤出决策过程，但是他们对立法进程的影响依旧不容忽视。在目前的选举制度下，俄罗斯国家杜马成为俄罗斯各利益集团施加影响的目标。正是由于强大的院外势力的影响，俄罗斯中小企业的利益始终得不到保护，俄罗斯营商环境和投资环境始终不理想，俄罗斯经济发展始终活力不足。与此同时，俄罗斯垄断企业离不开国家支持，没有国家支持，它们在国际市场上缺乏竞争力，因此在俄罗斯形成了独特的权力与资本的关系。

普京执政以后大力整肃金融寡头，取得对权力资本的优势地位，在经济发展模式上体现为国有化程度的加强和国家决策对经济发展进程的影响。但是，从俄罗斯经济发展的实践来看，其经济效果不尽如

---

① "Партии пока не готовы к тому, чтобы формировать правительство", https://rg.ru/2006/01/31/partii-anons.html.

人意。俄罗斯经济有增长,但是还没有经济学意义上的发展,一些根本性的经济问题,包括经济结构单一、经济增长方式低效落后,人力资本发展不足、营商环境不佳等问题无一得到有效解决。对各个领域过度干预的政治体制"限制了经济增长"。

四是社会情绪不稳。可以说,当前俄罗斯面临的最大问题是国家现代化发展停滞,民众生活水平下降,贫困人口大幅度增加,已达2100万。这种停滞与现行管理体制导致经济缺乏活力有很大关系。虽然俄罗斯居民支持普京及其对外政策,但是生活水平下降引起的不满情绪以及中小企业营商环境造成的发展问题日益严峻。

2014年以来,特别是2022年2月俄乌冲突爆发后,俄罗斯遭到美国和西方的联合制裁,俄与美国和西方关系彻底破裂,美国和西方对俄制裁不断加码,俄罗斯遭受独立以来最大的挑战。俄与美国和西方关系的破裂以及俄乌冲突的政治和经济代价将会对独联体一体化的推进以及俄罗斯复兴进程产生巨大影响。俄罗斯民众特别是青年的"思变"情绪不断增长,代表"革新"的新人党进入第八届国家杜马就是这种情绪的反馈。与此同时,世界和地区形势的变化将对俄罗斯政治体制,尤其是对国家杜马代表选举制带来挑战,因为只有调动全体民众尤其青年的爱国情绪和创新精神,才能保证国家社会经济可持续增长。

结　语

在这一章中，笔者将对俄罗斯国家杜马选举制度、俄罗斯的政治文化传统、俄罗斯政治现代化以及政治稳定与国家发展的关系等几个问题，提出一些思考。

一、俄罗斯国家杜马选举制度

世界各国的政治制度千差万别，作为政治制度一部分的选举制度也大相迥异。选举制度不只是一个统计方法，甚至最主要的，它并不是一个统计方法，而是一套指令，它们看似简单，但在国家、社会这个庞大的政治生物体中，这套简单指令的千万次重复就可以导致政治互动与社会行为的千变万化。①

孟德斯鸠在《论法的精神》中指出，民主共和政体下，全体人民要想成为统治者，只有通过选举，用选票来表达自己的意愿。② 而规定选举的方法则是民主共和政体的一条基本法。俄罗斯独立后，也曾经尝试走的西方选举体制道路，但效果并不是很好。俄罗斯选举制度是其政治转轨的重要步骤。俄罗斯国家杜马选举制度的形成与发展受历

---

① 赵心树:《选举的困境——民选制度及宪政改革批判》,成都:四川人民出版社,2003年版,第437页。

② 查理·路易·孟德斯鸠著,夏玲译,《论法的精神》,北京:红旗出版社,2017年版,第35页。

结　语

史、文化、民族、现实政治进程、经济社会结构、国际政治博弈等诸多因素的影响。俄罗斯幅员辽阔、地区间发展差异大、人口相对较少且历史悠久，个人的作用从来都是国家发展的重要因素。因此，俄罗斯历史上通行的治理模式是中央集权，或高度集中，在当代体现为超级总统制。这个历史和现实因素决定了俄罗斯国家杜马选举制度具有普遍性与特殊性的特征。

普遍性在于，选举制度化和法律化已成事实。俄罗斯选举基本遵循普遍、直接、平等与秘密原则进行，且是差额选举。候选人产生的过程基本达到民主化和法治化水平，同时，选举的社会功能也尽可能地得到释放，民众参与政治的积极性被调动起来。俄罗斯选举制度的变化也始终是在维护司法权威的前提下进行。更为重要的是，选举制度作为民主政治的重要组成部分，对俄罗斯政治转型确实存在一定的推动作用。

特殊性在于，俄罗斯国家杜马选举制度是俄罗斯整个政治系统、政治上层建筑的一部分，是俄罗斯社会经济基础和国家发展战略的集中反映并为其服务，同时也是俄罗斯历史文化传统在当代的体现。改革的动力来自危机——政治和经济危机，换句话说，是危机倒逼改革。在一次次的政治改革中，俄罗斯逐渐形成了一整套选举制度，包括议会选举、总统选举、政党制度等等。这一套选举制度的最大特点和特殊性是，选举制度是为总统制服务的，是为国家独特的发展道路服务的，这是一种区别于西方民主的俄罗斯"主权民主"[①]。

俄罗斯选举制度的普遍性与特殊性特点的形成，也体现了该国对民主政治发展的一种探寻。对于俄罗斯人来说，寻求政治现代化的本质就是如何将民主发展与本国国情相结合，走出一条符合俄罗斯国情的民主发展道路。

[①] 主权民主，即维护主权是俄罗斯发展的首要任务，民主应适合俄罗斯本国国情，不能以所谓民主问题来干涉俄罗斯主权。这一思想主要形成于2005年至2008年。

二、俄罗斯的政治文化传统

俄罗斯宪政制度是西方政治体制与俄罗斯政治传统的综合体。① 俄罗斯政治文化传统对于俄罗斯政治制度,包括选举制度的确立及完善具有显著作用。因此,除了从现实因素考虑外,俄罗斯历史与文化传统无疑是研究当代俄罗斯政治的重要研究路径。

学者研究认为,俄罗斯文明特征为:政治上的专制主义;思想上的集体主义;个人狭小的经济自由圈;社会服从于国家。② 俄罗斯历史学家卡韦林曾写道,"我们历史发展的特征之一,几乎没有明显的个人行为参与,现在仍是极其薄弱"。③ 这段对俄罗斯历史的评价,换句话说,专制制度、集体主义是俄国的根本历史传统。这与俄罗斯特有地理环境、宗教、文化传统有关:横跨欧亚大陆的广袤地理空间;东正教培育了俄罗斯人崇拜权威的心理;村社制度造就了俄罗斯人推崇平均主义和自我封闭的意识。④

俄罗斯政治文化因素对这些特点的形成具有特别重要的作用。在俄罗斯政治文化中,东正教是支柱,集体主义和"好沙皇"是基础,国家是核心。只有国家能包容社会,包容一切,它并不拒绝以任何方式来改革国家机构。俄国历史告诉我们,"不管是改革,还是动乱,甚至是革命,最后的结局总是国家主义文化及其思想意识的加强。"⑤

(一)政治文化传统的四要素

俄罗斯政治文化传统拥有四个最主要因素:沙皇专制制度、东正

---

① Медушевский А. Н., *Демократия и авторитаризм: российский конституционализм в сравнительной перспективе*, М.: РОССПЭН, 1998, 597 с.

② Кислицын С. А., *История России в вопросах и ответах*, М.: Феникс, 1997, 48 с.

③ К. Д. Кавелин., *Наш Умственный строй: Статьи по Философии Русской Истории и Культуры*, М.: Правда, 1989, 165 с.

④ 曹维安:《俄国史新论》,北京:中国社会科学出版社,2002年版,第3页。

⑤ 同④,第11页。

教、农奴制度及村社制度。这个四个要素贯穿于俄国历史始终，是中央集权在俄罗斯这块土地上根深蒂固存在的重要保障。这也是17世纪—18世纪西欧出现民主三大支柱（议会、政党、选举）时，与之相邻的俄罗斯却并没有出现此类情况的重要原因，"这是俄国式的皇权主义以及从宗法角度对西方民主的鄙视。"①

1. 沙皇专制制度

众所周知，俄国在金帐汗国统治的压力和拜占庭帝国衰落的机遇下，15世纪就开始走向统一国家。在蒙古政治文化的熏染和拜占庭东正教遗产的孕育下，莫斯科君主强调自己的独裁意志，加冕沙皇，颁布律法，对外征战，开疆拓土，大力发展封地制，建立起一整套横向的中央政权机构和纵向的地方管理体系，形成了具有东方独裁色彩的专制君主制雏形。从17世纪下半叶开始，经历了大动乱时期②（1598—1613年）的俄国不断遭遇西方思想的冲击，政治精英们在传统与革新之间徘徊和摇摆，最终彼得一世在18世纪初决然进行西化改革。在专制传统的历史基础上借鉴西方政治理论，全面革新，使专制君主制在俄国终得定型。可见，俄国政治史经历了两个大的转折：15世纪和17世纪，这是两个充满危机同时孕育着选择机遇的时代。俄国政治精英在克服危机时做出的选择，决定了俄罗斯政治文明未来的发展道路。第一次选择了大一统；第二次选择了帝国模式，两次都是用专制的方式达成目的，由此专制君主制起源并最终形成。③

沙皇专制制度是俄国政治的最显著特征。不同于西欧的绝对君主制④，沙皇在俄国拥有至高无上的权威，是所有政治制度的核心，不受

---

① 金雁：《苏俄现代化与改革研究》，广州：广东教育出版社，1999年版，第139页。
② 俄国大动乱时期，亦称"混乱时期"，俄国历史上因沙皇伊凡四世驾崩后其数子亦相继亡故而引发的继承危机，以及其后因政局动荡及波兰、立陶宛等外部势力觊觎皇位干政而导致的无政府状态。
③ 周厚琴：《俄国专制君主制起源与形成研究》，陕西师范大学博士论文，2014年12月。
④ 绝对君主制：虽然君主也拥有无所不包的权力，但在具体问题上，并不能任意行事和滥用权力，而是要尊重国家基本法或国家习俗和惯例。

任何权力限制。也正因为如此,历代沙皇都以维护专制制度以及皇权的权威为己任。"沙皇首先把自己看作一个受过登基涂油仪式——君权神授的君主,因此,自己所有的决定都是合法的、正确的。在他骨子里渗透着君主的意志就是法律的观念。这种观念不是一种信仰,而是一种宗教。"①

从伊凡三世起,专制君主制就已成为俄国各社会阶层普遍认可的一种稳定的政治文化传统。俄国专制君主制为何产生并得以保持强大的生命力?主要在于俄国专制君主制有着独特的生成机制和生态地缘环境,这与西方绝对君主制和东方的独裁君主制的产生都有所不同。原因在于:第一,特殊的自然地理环境。俄国拥有辽阔的地域,需要更加集中的国家政权来监督社会和经济生活的各个方面。俄国自然气候条件恶劣,极不利于农业发展。萨哈罗夫的《俄国通史》第二卷这样写道:"俄国历史的最主要特点,就是自然气候条件一个世纪一个世纪地为她的生存基础——农业的发展建立了极为不利的环境……早在中世纪,历史的需要迫使俄国建立起了不同于西欧的特殊的不同寻常的具有非常严厉的国家机制杠杆的国家类型。"② 只有集权才能根据统治阶级利益和社会发展现状来分配有限的产品,这也是早在中世纪俄国就已建立起不同于西欧的非常严厉的国家制度。"在东欧形成中央集权的君主专制(就其实质来说是独裁政权)绝不是偶然的。"③ 第二,是一系列历史变量共同影响和作用的结果。这些历史因素包括:金帐汗国对俄国 200 多年的统治促使专制制度在俄国的确立;拜占庭帝国灭亡后东正教向俄国迁徙为沙皇神圣化奠定了意识形态基础;土地王有制的形成为专制主义的形成提供了经济基础;等等。这些因素长期

---

① Ананьич Б., Ганелин Р., *Государственные деятели России глазамисовременников: Николай Второй: Воспоминания*, СПб.: Пушкин. фонд, 1994, 367 с.
② 刘祖熙:《萨哈罗夫等新编〈俄国通史〉(前二卷)评述》,载《历史研究》,1998 年第 1 期,第 175—182 页。
③ Сахаоров А. Н., Новослецева А. П., Милова Л. В., *История России с начала XVIII до конца XIX века*, М.: Эксмо, 2006, С. 188–189.

影响和决定俄国沙皇专制制度的演变和特点。总之，专制制度在俄罗斯历史传统中从来都不是一个贬义词。

由于俄国同西欧各国来往频繁，历代沙皇思想开放，文化素质较高，都能根据社会形势的变化进行一些改革。除了彼得一世改革外，大多数改革都是被迫进行，或是因为战败，或是由于革命的威胁。这些改革也的确取得一定的成果，客观上促进了社会发展，维持了王朝的延续。如19世纪60年代—70年代的亚历山大二世改革，包括废除农奴制、司法改革、地方自治改革，虽没有直接触动沙皇专制制度，但还是对国家政治制度进行了改良，创造了新的政治环境。20世纪初，俄国在日俄战争中战败，国内革命风起云涌，为解决政治危机，沙皇政府不得不进行君主立宪改革，建立国务会议和国家杜马。但改革并未彻底进行，沙皇制度在第一次世界大战的特定历史条件下被1917年革命所推翻。

2. 东正教

从公元988年开始到俄国终结的近千年时间里，东正教一直是俄国的国教，对俄罗斯民族性格、传统文化以及国家发展道路的形成发挥了重要作用。"凭智慧无法理解俄罗斯，对她不能用一般尺寸，只有信仰赋予她生存。"[1] 当代俄罗斯虽然宣布自己是一个世俗国家，但是东正教徒的数量仍然占到全体国民的大多数，东正教仍然保持着全国第一大宗教的地位，东正教文化传统仍是俄罗斯最具代表性的名片之一。

与罗马天主教和新教相比，俄国东正教具有以下几个特点：一是坚持一成不变的教义正统性。俄国没有教会大学，也不发展任何研究世俗学问的机构，没有西方那样随着时代发展而对基督教教义进行新阐释的经院哲学家。作为坚持教义正统性的典型例证，就是俄罗斯教会一直把古斯拉夫语作为官方教会语言，并坚持只适用古斯拉夫语

---

[1] 埃娃·汤普逊著，杨德友译：《理解俄国：俄国文化中的圣愚》，南京：译林出版社，2015年版，第284页。

《圣经》。二是浓厚的苦修主义和神秘主义。俄国东正教会对苦修式的修道生活尤为推崇。俄国人相信通过与世隔绝的方式，或与一群志趣相同的追求者共同生活，才能更容易地洗清自己的灵魂和肉体的罪孽，从而体会到基督的完美。三是圣像崇拜。圣像崇拜一直是东部教会、也是俄国东正教会的传统。在俄国人的眼中，圣像是最亲近的、家庭的上帝，是他们的个人偶像，因此他们将圣像称之为上帝。从奴仆到沙皇都只对圣像祈祷，其他的祈祷方式对他们来讲既不可理解，也无法接受。四是君权神授。东正教认为君王是上帝在人世间的代表，因此君王的地位等同于上帝，君王的职责是维护人民在物质和精神上的双重福祉，所以大众应该顺从君主。四是教权依附于王权。随着俄国统一国家的形成，教会依附于国家、教权依附于王权就成为俄国东正教的一个主要特点，对沙皇无限权力的崇拜也自然成为俄国东正教教义的一个组成部分。随着沙皇专制制度的确立，东正教会越来越国家化，并终于成为沙皇政府的一个下属行政机构。

公元988年罗斯受洗以后，东正教成为俄国各个历史阶段社会政治生活的精神支柱，指引着国家前进。基辅罗斯时期，东正教的皇权神授观念极大提高了基辅大公在罗斯的权威，成为其统一古罗斯的思想武器。在封建分裂和蒙古统治时期，东正教成为抵抗外来民族统治和建立统一民族国家的精神旗帜。在17世纪初的俄国大动乱时期，俄国东正教领袖们在与波兰、瑞典武装干涉者的斗争中，用生命捍卫了国家统一，激发了俄罗斯人民爱国主义情绪，同仇敌忾赶走了外敌。到彼得大帝时期，东正教会与沙皇政权密切合作，成为后者的直接统治工具。苏联时期，虽然政府立法促使政教分离，禁止东正教会参与一切社会活动，但在卫国战争期间，东正教又被政府用来团结各族人民共同抵抗外敌的工具。苏联解体后，独立后的俄罗斯再次大力扶持东正教发展，普京将其纳入保守主义官方政治意识形态中，成为聚拢俄罗斯民心、推动国家复兴的重要思想意识工具。

总之，历史上东正教一直都是维护俄国国家统一和中央集权的中坚力量。东正教与政治的紧密关系是俄国政治文化的基本特点之一，往往在俄国危难之时力挽狂澜，但对俄国现代化发展作用有限。

3. 农奴制度

农奴制的长期存在是俄国国情的一个重要特点。在俄国政治社会生活中，农奴制是一种最严厉的经济意义以外的依附制度。具体指的是，农民被控制在地主的土地上，人身自由、财产、家庭以及其他司法权力完全受到限制。

早在11世纪—12世纪的基辅罗斯时代，王公贵族便拥有大量世袭领地，强迫穷人服劳役。14世纪—15世纪，莫斯科公国的封建土地所有制度发展起来，越来越多的农民陷于被奴役的地位。1497年，俄国农奴制开始立法化，1649年，俄国颁布《会议法典》，从法律上确立农奴对地主终身和世袭的依附关系。法典规定：地主有权审讯和判决自己的农奴；地主有权无限期追捕逃亡的农奴；地主有权干涉农奴所有个人事务；农奴无权状告地主，除非后者背叛沙皇。《会议法典》的颁布标志着俄国农奴制的最终确立。18世纪，农奴制进一步推广到顿河和东乌克兰地区。1760年，沙皇还授予地主将农奴流放到西伯利亚的权利。叶卡捷琳娜二世统治时期，农奴制发展到顶峰。1765年，地主获得将农民罚作苦役、进管制所的权利。1767年，沙皇政府规定地主有权任意买卖、赠送、惩罚农民，把农民和土地分开出卖，甚至把同一家的农民分开出卖。叶卡捷琳娜二世曾授予地主将农民送去充军的权利。1785年，她颁布《御赐诏书》，保证地主享有占有土地、农民以及免除人丁税、实行体罚等特权。随着时代的发展，农奴制的存在日益成为社会生产力进一步发展的桎梏。为适应资本主义的发展，缓和国内阶级矛盾，沙皇政府从19世纪初便着手制定各种限制和废除农奴制的法案。1803年，"关于自由农"的法令颁布，允许地主根据自愿和赎买的原则解放农民。1838—1842年，白俄罗斯、立陶宛、西部乌克兰等地废除了国有农民租佃国有土地和服劳役的制度。1861年，迫于国内农奴制危机以及革命运动的发展，沙皇政府废除农奴制度。但是，农奴制残余继续保存下来，直到1917年十月革命后才被彻底消灭。

俄国农奴制度的形成过程具有鲜明的本国特点。一是由俄国贵族地主依靠中央集权制度沙皇政权来完成，并且是由国家以立法形式确立下来的，与赋税紧密关联的国家在其中起着主导作用，它是俄罗斯中央集权国家建立的连带产物。二是俄国农奴制下的农民既是贵族地主个人的农奴，同时也是国家的纳税阶层。三是俄国农奴制度特别稳固。由于国家对农民赋税不放松，地主对农民的控制也不放松，两者的共同作用，导致俄国农奴制特别稳固。

俄国广袤的地理特点、强大的村社以及地缘政治因素，造就了农奴制的长期存在，农奴制为俄国集中和创造了巨大的人力、财力，成为沙皇俄国中央集权和对外扩张的经济基础。这也是进入近代后，在与西方接壤的俄国还能并保持农奴制度的重要原因。

4. 村社制度

俄国村社制度从基辅罗斯开始，一直持续到20世纪20年代末。俄国农村公社构成俄国农村社会生活的重要方面，在俄国农村的经济和政治生活中起着举足轻重的作用。村社既是一种土地制度，又是一种农村行政单位，具有二重性的职能和结构。[①]

村社的职能包括：第一，经济职能。定期平分土地，制定土地使用规则，共同耕种。第二，税务职能。按比例分摊和征收国家的捐税、土地税和米尔税款；完成劳役；监督农民按时交款；采取措施追缴欠税、管理财务等。第三，司法职能。依据习惯法审理民事案件，审判在村社内所犯的刑事罪（纵火和杀人这样的重大犯罪除外）。第四，行政、警察职能。维持治安、村社内部的纪律和习惯法规范；拘捕流浪汉、逃亡者和逃兵；监督有关农民入社、开除、转社等规则的实施；在发生火灾、水灾和其他重大事故时采取应急措施；警告不正当行为，

[①] 张广翔：《俄国村社制度述论》，载《吉林大学社会科学学报》，1997年第4期，第62—68页。

拘捕罪犯并进行查询；以罚款、拘禁或鞭笞等方式惩治轻微犯罪的农民；对欠债人处以强制劳动。第五，联合职能。把农民联合在一个集体，在国家、地主、其他村社与机构面前维护自己的利益，农民不能自由迁徙。第六，合作、慈善职能。互助合作，荒年时予以粮食救济，给穷人以物质帮助，救济孤寡老弱，开办学校、医院、公共粮库等公共设施。第七，文化教育职能。组织文化活动，办学校、图书馆等。第八，宗教职能。组织宗教生活，过宗教节及按时举行耕作仪式。第九，交往职能。保持同地方、区、县、省僧俗机关的联系。

上述职能有效地把农民聚集在一起，固定在土地和村社里，农民也与地主、国家捆绑在一起。正如俄国哲学家别尔嘉耶夫所说："俄罗斯人民永远喜欢生活在集体的温暖之中，生活在大自然的亲密无间之中。"[①] 由于俄国土地广阔、人口稀少以及气候寒冷，农作技术的低劣，自然经济的农业为主，特别是沙皇政策长期采取了维护农村公社政策，导致村社长久地保持相对稳定。村社的集体精神，客观上限制和否定个性自由，并造成对权威和集体的向往与崇拜，成为专制主义在俄国根深蒂固的基础。

1861年农奴制被废除后，土地并没有交给农民个人，而是交给了农村公社。此后数十年间，沙皇政府一直采取维护村社的政策。随着改革后俄国资本主义的发展和农民的贫困化，农民也开始对沙皇政权不满。为防止农民革命，沙皇开始实行旨在破坏公社的"斯托雷平土地改革"。但由于第一次世界大战，这一改革并未完成，后遗症就是富农脱离了农村公社，广大贫农却仍留在公社里，对政府极其仇视，为十月革命的成功贡献了力量。

（二）历史的继承性

历史是有内在发展逻辑。从政治经济和文化的角度来说，俄国是

[①] 尼·亚·别尔嘉耶夫著,汪剑钊译：《俄罗斯的命运》,南京:译林出版社,2014年版,第5页。

欧洲国家，但是从政治制度方面来看，它又是典型的东方专制国家。19世纪下半叶，俄国通过自上而下的改革开始自己的现代化进程，由于上述四个传统因素的存在，这个现代化进程非常曲折。十月革命后，在俄国建立的苏维埃社会主义共和国以及后来的苏联仍带有显著的俄国色彩：国家、集权、领袖在这个国家的政治与生活中占据重要地位。这个制度曾使苏联成为世界超级大国之一，但也同样使它跌下神坛。戈尔巴乔夫也正是看到苏联政治体制的弊端，即高度集权带来的制度僵化，开启了从上到下的全面改革。总统职位的设立以及对苏维埃制度的改革为俄罗斯政治转轨奠定了基础。但戈氏"民主化、公开性和新思维"改革不仅从根本上放弃了社会主义根本制度和价值观念，而且忽视了历史与传统，疾风暴雨般地彻底走上了一条西方资本主义发展道路。事实证明，这条道路行不通。

俄罗斯独立后，叶利钦延续戈氏路线，彻底抛弃俄罗斯政治文化传统，完全采用了西方民主制度，结果是水土不服。从政治心理学的角度看，在一个高度集权的体制崩溃后，最初的政治改革者在政治压力释放后的危机感和紧迫感，往往可能导致激进的思维。对于选择三权分立的宪政制度和激进的经济改革，俄罗斯有自己的认识。普京深刻指出："俄罗斯的民主事实上是从上面来的，这是一。在历史范围最短的时期内我们根本改变了整个政治和社会经济制度，这是二。我们所以能迅速地做到这一点仅仅是因为首先用法律，甚至是命令实行了自由和民主。在这样做的时候，我们有时急剧地超越了社会适应这些自由的能力，历史的必要性剥夺了我们实现渐进化地发展的可能。我们没有时间和资源把改革拖延几十年，并等待社会上和人们的思想中发生根本性的变化。"① 俄罗斯对于这条发展道路也有自己的评价，普京表示，尽管有种种困难和失误，我们开始走上了全人类都在走的主干道。

---

① 普京：《普京文集：文章和讲话文集》，北京：中国社会科学出版社，2002年版，第100页。

但是，经过十年的发展，俄罗斯却面临着极其严峻的形势，普京指出："我国现在面临着十分复杂的经济和社会问题。90年代俄罗斯国内生产总值几乎下降了50%，仅相当于美国的十分之一，相当于中国的五分之一。在1998年金融危机之后人均国内生产总值降至3500美元，这仅是'七大国'的平均水平的五分之一。""俄罗斯正处于其数百年来最困难的一个历史时期。大概这是俄罗斯近200—300年来首次真正面临沦为世界二流国家，抑或三流国家的危险。"①

普京接任总统后采取了一系列改革措施，扭转了叶利钦时代的混乱局面。政治上，加强中央权威，进一步扩大总统权力，完善宪政制度，巩固政权。经济上，依靠国家资本主义的经济发展路径，依赖能源和军工两大产业，推动经济再工业化，力保经济持续稳定增长。综合来看，30年来俄罗斯历经复杂发展，现在又回到了俄罗斯最为熟悉的传统道路上。这个传统就是俄罗斯的国家形式虽然在不同的历史时期表现不一，但内在的本质是一样的，即俄罗斯国家的历史结构要素是一致的，都是凸显了意志坚强的领导人作为最高权力的重要性。研究俄罗斯政治文化传统对政治转轨影响具有重要意义，这也是我们在考察俄罗斯国家杜马选举制度时，要强调俄罗斯政治文化传统的主要原因。

三、俄罗斯政治现代化

苏联解体后，俄罗斯政治转型实际上指的是俄罗斯政治现代化的问题。俄罗斯政治现代化，意味着要实现政治多元竞争，这将有可能给政治稳定带来风险，但不实行政治现代化又很难推动俄罗斯现代化深入发展。因此，俄罗斯政治走向现代化之路就是俄罗斯如何实现民主与国情相结合，如何实现历史与现代相融合的探索过程。

回顾俄罗斯独立以来的政治发展史，实际上就是一部"主权民主"

---

① "Владимир Путин: Россия на Рубеже Тысячелетий", https://www.ng.ru/politics/1999-12-30/4_millenium.html.

探索史。20世纪90年代，俄罗斯匆忙、快速、完全地遵循西方民主政治制度模式进行改革。普京曾对此评价道，俄罗斯民主化改革是从上往下极速进行的，甚至在命令下开始的，在最短的时间对国家政治和经济制度进行了根本性的改变，普通大众可能在思想上都没有做好准备。可以说，短短的十年里，西方民主的普世性在俄罗斯发挥到极致，包括俄罗斯外交也完全倒向西方，俄罗斯主权的独立性因此都受到一定影响。独立后头十年俄罗斯全国经历的混乱令俄罗斯上至精英下到普通民众都自然产生一个疑问，西方民主政治制度真的适合俄罗斯吗？西方民主能解决俄罗斯面临的一系列现实问题吗？俄罗斯整个社会对此展开了一场"俄罗斯向何处去？"的大讨论。

普京上台执政后，通过对议会、政党、选举及联邦制度的改革，建立了俄罗斯式的政治体制，给俄罗斯20年的稳定发展提供了制度保障。这种政治体制的根本特征就是以总统制为核心的中央集权体制。具体表现为：

一是遵循历史传统，突出国家的重要作用。1999年12月30日，普京在俄罗斯《独立报》发表体现其核心治国理念的文章《千年之交的俄罗斯》。该文指出，国家在俄罗斯人民生活中一直扮演着重要角色。强大的国家对于俄罗斯人来说并不是异类，相反，它是秩序的源头和保障，是任何变革的主要推动力。① 普京认为，一个强大的国家权力体系对于俄罗斯复兴和崛起具有关键性作用。为此，普京担任总统以来，对俄罗斯政治体系进行了一系列改革，包括：改革联邦制，建立中央权力垂直体系，全国划分为七个联邦区并派驻总统全权代表，改组议会上院，地方领导人不再自动成为上院议员；废除与中央法律相抵触的各类地方法规和法律，进一步消除地方分离倾向；颁布政党法，规范多党政治，培育"政权党"，巩固和加强政权地位；打击金融寡头，消除寡头干政，实现政治独立，维护社会公正；管控媒体，影

---

① "Владимир Путин: Россия на Рубеже Тысячелетий", https://www.ng.ru/politics/1999-12-30/4_millenium.html.

响社会舆论导向；依法治国，强化对政治和社会组织的管理；加强反腐等等。当然，在这其中根据国内外形势的变化，还适当的进行改革，包括修改了政党法和选举法，降低了建党及参政门槛，恢复了国家杜马的混合选举制等。2020年修宪则进一步扩大总统权力，俄保持了形式上的"三权分立"式民主体制，内在依然是高度中央集权的政治体制，也表明俄罗斯从全盘西化向俄罗斯传统回归。对政党、资本、地方、教会、社会与大众传媒皆能有效掌控。

二是推动选举制度与议会、政党相互关联，形成稳定的保障循环。从俄罗斯政党发展历史轨迹来看，普京执政以来，通过出台政党法、多次修订总统及国家杜马代表选举法，以制度设计的方式，一方面保证选举和政权的合法性，另一方面巩固政权党在俄政治格局中的绝对有利地位。同时，统一俄罗斯党主导的议会也能维护和巩固普京政权的地位和利益。因此，俄罗斯议会、政党与选举之间实际上是互相保障的关系，其根本作用就是防止政治失去控制，维护总统执政地位：制度保障选举，选举保障议会立法，议会立法再保障政权党选举和执政当局政策的实施。

三是将保守主义作为意识形态。当代俄罗斯保守主义意识形态伴随着普京治国理念的完善而最终确立。普京政权先后提出的"俄罗斯新思想""主权民主"和"普京主义"均是俄罗斯保守主义概念依托。"俄罗斯新思想"在普京执政初期提出，内容概括为强国主义、爱国主义、国家观念和社会团结，这是俄罗斯保守主义的雏形。2006年普京政权提出"主权民主"思想，反对借民主问题干涉俄罗斯内政，俄罗斯有权走自己的发展道路，该思想是俄罗斯保守主义的基础。2009年11月21日，统一俄罗斯党召开第十一次代表大会，确定该党意识形态为俄罗斯保守主义，表明保守主义思想正式被官方吸纳。时任该党党主席的普京认为，俄罗斯保守主义应基于传统价值观基础，并且同时包含有发展的元素。在维护俄罗斯传统价值观前提下，要稳定但不要停滞不前，要改革但不要打破现有制度框架，要吸收先进思想和实践，但不要完全照抄照搬西方的东西。2013年年底，普京在总统国情咨文中强调，俄罗斯选择了保守主义方向，基于历史积淀，面向未来发展。之后，保守主义思想逐渐成为俄罗斯主流意识形态。2018年，普京执政团队提出"普京主义"，并将其作为俄罗斯发展模式，即在尊重历史传统基础上，走符合俄罗斯国情的发展道路，这构成了俄罗斯保守主义思想的政治实质。2021年10月，普京在瓦尔代会议上强调，俄罗斯将遵循理性保守主义原则，标志着保守主义思想正式成为国家意识形态。普京所主张的保守主义是一种健康、理性、温和的保守主义，是建立在传统价值观基础上，核心要义是"信仰"（东正教）、"国家"（强大的中央权力）、"人民"（团结、爱国主义、社会责任），这种保守主义思想已融入俄罗斯内外政策中。

普京曾对俄罗斯民主发展深刻地总结道："20世纪90年代的经验雄辩地证明，机械照抄他国经验是没有用的。每个国家，包括俄罗斯，都有义务寻找自己的复兴之路，俄罗斯仍在路上。只有将市场经济和民主的普遍原则与俄罗斯的现实结合起来，我们才会有一个光明的未来。"① 俄罗斯独立后政治发展变迁史也恰恰印证了普京的这段话。在这段历程中，俄罗斯人既抓住了本国和民族的"根本"，又借鉴了西方先进的制度与政策，才使国家走出20世纪最后十年的混乱，实现了国家与社会和谐发展。

四、政治稳定与国家发展

苏联解体后，经过激进自由主义发展的教训，俄罗斯选择了威权主义政治体制，总体上实现了俄罗斯的政治稳定。这种政治体制符合俄罗斯国情，被大多数俄罗斯民众认可。俄罗斯著名政治学家米格尼扬曾深刻指出，"对俄罗斯社会来说，威权主义并不比庸俗的民主可

---

① "Владимир Путин: Россия на Рубеже Тысячелетий", http://www.ng.ru/politics/1999-12-30/4_millenium.html.

结 语

怕,它可能是一剂苦药,但却是通向民主的一座桥梁。"①

一国只有在稳定的政治局面下,才能按着既定轨道进行经济建设,才能应对各种内外危机,国家发展才不会偏航,从而使所有公民都能安居乐业。普京在谈到俄罗斯民主制度发展时,以俄罗斯20世纪90年的历史动荡和变革失败告诫,恢复国家权力和主权才是一切民主的基础,才是改革和发展的前提。② 正因为如此,保持国家形势的稳定一直以来都是普京政权的核心任务。③ 在其执政的20年里,普京也是通过一系列"主权与民主相结合"的政治改革,完全实现了对政局的掌控。

在这种体制下,俄罗斯主要政党达成了某种政治共识,甚至在某些选举问题上还能密切配合和协调,这种局面弱化了党派之间的政治竞争。当前,俄罗斯政权党与反对党(无论是体制内还是体制外)之间失衡局面已经被固化。俄联邦共产党、自由民主党和公正俄罗斯党④等杜马党在国家杜马接近边缘化;而体制外反对派的上升空间因各种法律法规被压缩得越来越小。摆脱目前局面的主要出路就是进一步切实地提高政治竞争力,促进政治体制更加开放、透明和灵活,最终变得更加公正。"只有政治竞争力和有分量的反对党才能保证国家真正的民主。"⑤政治僵化将导致三个负面后果:其一,政局稳定过分依赖于某一领导人。普京时代终究会落下帷幕,到那时,国家发展寄希望于一人的体制可能带来的并不是美好的结果。其二,政党政治的权威很难树立。政党竞争空间趋小,多样性渐变为趋同性,俄罗斯民众政

---

① 安德兰尼克·米格拉尼扬著,徐葵等译:《俄罗斯现代化之路——为何如此曲折》,北京:新华出版社,2002年版,第154页。
② "Демократия и качество государства", https://www.kommersant.ru/doc/1866753.
③ "Путин в логике велосипедиста", http://www.gazeta.ru/politics/2014/07/26_a_6146541.shtml.
④ 2021年1月20日,公正俄罗斯党与"为了真理"党、俄罗斯爱国者党合并,成立"公正俄罗斯-为了真理"党,同年2月22日,这个新政党召开了第一届党员代表大会。
⑤ "Наша демократия несовершенна, мы это прекрасно понимаем. Но мы идём вперёд", http://www.kremlin.ru/news/9599.

治冷漠性将进一步加强，也不再相信政党体制的权威。其三，由于过度注重社会稳定，一切都让位于局势的可控性，经济的创新和发展就相对缓慢一些。稳定与发展失衡，反而为失序埋下伏笔。

实际上，稳定与发展不是对立的，而是相互促进。"政治稳定并非简单的保持现状，而是指不断地在改进和完善。"①这种改进和完善是促使政治体系朝向更加稳定、不受外力影响的方向发展。如果政治发展只是故步自封，或者只靠人为调节而不是靠自身客观良性发展，就会导致过于保守，甚至僵化的问题。

为了国家可持续发展，俄罗斯执政当局在努力处理好稳定与发展的关系。首先，政治稳定与加强政治竞争并行不悖。基于过往的惨痛教训，普京政权一直都在强调政治稳定问题，以防悲剧重演。在执政精英看来，只有国家社会稳定了，经济才能实现增长和可持续发展，这也是其高度重视国家和主权在俄罗斯政治生活所发挥作用的重要原因。不可否认，政治稳定是一国实现现代化发展的必要条件，但故步自封的政治制度不仅与不断发展变化的时代不相适应，阻碍国家勃勃生机地发展，其本身也并不稳固，反而越来越脆弱。因此，尊重传统，保持稳定，防止停滞，是俄罗斯政治发展面临的现实课题。

其次，政治长期稳定的基础在于经济可持续发展。当前俄罗斯采取的是依靠国家资本主义的经济发展路径，依赖能源和军工两大产业，推动经济再工业化，力保经济持续稳定增长。在此指引下，俄罗斯平稳渡过两大金融危机，顶住西方经济制裁压力，宏观经济发展总体稳定。特别是在普京前两任期期间（2000—2008年）经济年均增长率达到7%，俄罗斯一度重返世界十大经济体行列。但俄罗斯经济的"黄金八年"并未持续下去。普京第三总统任期至今，经济呈低速增长态势，年均GDP增长仅为1%，占世界经济的分量由3%降到2%，经济总量世界排名已滑落到第12名，目前看来，经济恢复高速增长的可能性还

---

① "Бег с препятствиями-Каким для России станет наступивший политический год", http://www.itogi.ru/russia/2014/3/197201.Html.

很小。

经济增长乏力背后的直接原因就在于俄罗斯现代化改革未能取得实质性进展。能源型经济结构单一、经济增长方式低效落后,人力资本发展不足、营商环境不佳等问题无一得到改善或解决。深层次原因在于俄罗斯经济的政治性特征。普京执政20年,政治权力已取得对资本权力的优势地位,经济发展受制于政治稳定,经济结构调整很可能"牵一发而动全身",能改变的只能是经济领域的政策。但如果今后不能对经济进行大规模的现代化改造,俄罗斯经济增长最多维持有限缓慢增长。经济如果不发展,政治从根本上是不稳定的,俄罗斯国家发展就会存在巨大的不确定性。

再次,政治稳定需要建立与外部世界的良性互动。苏联解体后,超级大国这个光环在俄罗斯身上已黯然失色,甚至在叶利钦时代俄罗斯已接近二流国家的边缘。恢复和提升俄罗斯的大国地位一直是普京外交的主要目标。主要表现在:一是通过欧亚经济联盟和集体安全条约组织双轮驱动,加强独联体经济和军事一体化,巩固和加强俄罗斯在独联体的主导地位。二是强势应对乌克兰危机,守住黑海出海口。三是重视亚太,外交逐渐向东转,中俄关系进入新时代。四是介入叙利亚战争,成为中东和平进程中的关键性角色。五是重返非洲和拉美。

俄罗斯重振国威的同时,与西方关系却陷入对抗,特别是2022年年初爆发的新一轮乌克兰危机使得俄罗斯重新成为西方的敌人,俄罗斯融入西方世界的努力再次失败。可以说,俄罗斯转型30年仍未实现期冀已久的融入西方主导的国际秩序的任务。这其中原因在于:第一,俄罗斯对国际格局的判断是美国日渐式微,美国的首要竞争对手是中国,其战略重心已转向印太地区。2021年6月,美国与俄罗斯两国首脑会晤传递给普京的信号是:第一,美国确立了希望联合俄罗斯、稳住俄罗斯,进而主要对准中国的战略。俄罗斯与美国重新开启《新削减战略武器条约》的有限合作也让普京看到了解决北约东扩问题、确立欧洲安全架构的机会。第二,始终坚持一流大国的自身定位。即使在金融危机困难之时，俄罗斯精英依然坚定地认为，俄罗斯仍属于世界大国和强国。俄罗斯向往平等和尊重，却遭到西方"蔑视"。西方一直以高高在上的胜利者自居，采取种种手段，遏制和打压俄罗斯。普京在2007年慕尼黑安全会议上严厉批评美西方领导的单极世界，标志着俄罗斯已放弃彻底融入西方的政策。① 2008年俄格战争、2014年"收回"克里米亚都是俄罗斯对美西方步步紧逼的反击，而这些举动也令西方坐实了俄罗斯利用军事手段复活"帝国"的企图。2022年俄罗斯对乌克兰采取军事行动，令西方认定俄罗斯要颠覆国际秩序。第三，被国内政治形势影响。"国际政治的重大问题都跟对俄罗斯国内状况的评估机制交织在一起。"② 俄罗斯政治发展变化不仅与国内经济、社会文化形势紧密相关，还与外部因素互相作用。历史上俄罗斯追求现代化的过程，都是向西方学习的过程，或者说，俄罗斯发展前进的推动力来自西方。③ 当然，这种向西方学习是不以改变本国政治模式为前提。历史照进现实，当代俄罗斯同样是希望在维持本国固有政治体制前提下，将西方先进技术或资金引进来，而不是完全彻底变成西方国家。此外，一段时期以来，俄罗斯强力阶层对西方的抗拒和抵制导致俄罗斯与西方世界的互动日益消极。与西方的割裂，也让俄罗斯几乎被排除在世界经济体系之外，制约了本国经济发展。

总而言之，转型国家政治稳定进程中经常遇到的冲突和危机，其表现形式就是选举纠纷，这里既有政治参与者本身的问题，也涉及选举制度设计造成的矛盾。选举制度设计的合理与否，往往会对一国政体的稳定性与有效性产生重要影响。如何设计出于与国情相匹配的选举制度，这已经成为转型国家维护政治稳定的一个重要手段。

---

① 普京在2007年慕尼黑安全会议上严厉批评了美国对外政策，包括单极世界的模式、无正当理由对他国动用武力、北约东扩等。普京的讲话可以说是历史性演讲，标志着俄罗斯对外西向政策的转折。

② Richard Sakwa, "New Cold War or Twenty Years' Crisis? Russia and International Politics", *International Affairs*, Vol. 84, No. 2, 2008, p. 47.

③ Сергей Караганов, "Однобокая держава", *Ведомости*, 4 декабря 2013.

结　语

　　俄罗斯国家杜马选举制度的建立和不断变化、完善过程是一部俄罗斯政治稳定发展史，也是俄罗斯探索适合本国历史文化传统的政治制度安排的过程。从沙皇俄国到苏维埃社会主义共和国联盟，再到俄罗斯联邦，俄罗斯政治制度安排从来都带有历史的痕迹，每个社会形态都带有它脱胎出来的那个"旧"社会的痕迹。这些痕迹的积累恰恰反映的是这个国家有别于他国的民族特色。俄罗斯也不例外。对于俄罗斯来说，中央集权的治理模式始终在历史上发挥主导作用。历史上几次分权的尝试都没有成功，而且付出重大代价。这是俄罗斯国情，也是俄罗斯区别于欧洲其他国家和俄罗斯不易融入西方世界的主要因素。2020年俄罗斯的修宪实践也是以这个国情为基础。可以预计，未来一段时期内，俄罗斯国家杜马选举制度以及俄罗斯政治治理模式不会发生实质性变化，俄罗斯政治还将延续稳定。

附录一

俄罗斯现行国家杜马代表选举法的有关规定

一、选举资格

凡在投票日年满18岁及以上的俄罗斯联邦公民拥有选举权,其中,只有在选举日年满21岁且永久居住在俄罗斯的俄罗斯公民才有权被选举为国家杜马代表。国家杜马代表选举法第四条还对有犯罪记录的人是否能参加选举作了规定,下列情况都不能参加选举:

第一,已被法院宣判剥夺被选举权的关押在监禁场所的公民;

第二,拥有外国国籍的俄罗斯公民或拥有外国永久居留证的公民;

第三,因犯下严重和(或)特别严重罪行而被判处有期徒刑者,自犯罪记录消除或提前撤销之日起十年(15年)内不能参加选举;①

第四,被判犯有俄罗斯《刑法》规定的极端主义罪行,或恐怖组织的创始人、负责人且在投票之时对该犯罪记录未消除或提前撤销者,不得参加选举;极端组织或恐怖组织的成员三年内不能参加选举活动;

第五,增加了对触犯刑法某些条款,包括侵害他人人身犯罪、经济犯罪、滥

---

① Статья 1 пункт 8. Федеральный закон от 19.02.2014《О выборах депутатов Государственной думы Федерального Собрания РФ》.

用职权等公民参选的限制，即自释放或提前释放之日五年内不得参加选举。

第六，因违反《俄罗斯联邦行政法》而受到行政处罚，投票之时仍处于行政处罚期的也不能参加选举。

二、选举的基本原则

俄罗斯联邦会议国家杜马代表由俄罗斯联邦公民在普遍平等和直接投票的原则上以不记名的方式选举产生。俄罗斯公民自由自愿地参加选举。① 新一届国家杜马任期应由其当选之日起计算，任期五年。

国家杜马由450名代表组成。其中，225名代表在单名制选区选举产生，其余225名代表则在全联邦选区按比例选出。

三、选举的具体程序

俄罗斯国家杜马代表选举法对杜马代表选举程序作了详细规定。

（一）国家杜马选举时间的确定

俄罗斯宪法及国家杜马代表选举法规定，国家杜马代表选举是强制性的。

俄罗斯总统决定国家杜马选举时间。关于举行选举的决定应不早于选举日前110天，不得晚于选举日前90天作出。选举日应当是上届国家杜马任期结束后的第三个周日②。总统作出决定后的五天内，应在新闻媒体上正式公布选举时间。

如果俄罗斯总统没有在上述规定的期限内安排新一届国家杜马选举，应由中央选举委员会确定国家杜马选举时间，应在上一届国家杜马宪法任期届满之日后的第三个星期天。该决定作出后，应在七日内通过大众传媒正式对外公布。

---

① Статья 1. Федеральный заокн от 19.02.2014《О выборах депутатов Государственной думы Федерального Собрания РФ》.

② Статья 5 пункт 2. В редакции Федерального закона от 14.07.2015 № 272 – ФЗ Федеральный заокн от 19.02.2014《О выборах депутатов Государственной думы Федерального Собрания РФ》.

如果总统解散国家杜马,①根据杜马选举法第五条第4—7款规定,俄罗斯总统在解散国家杜马的同时应确定新一届国家杜马代表选举时间。新一届国家杜马选举日是上届国家杜马解散之日起三个月满前的最后一个星期天。同样,在五日内应正式对外公布。如果总统解散杜马但未确定举行新一届杜马选举,则还是由中央选举委员会确定选举时间,应当是上届国家杜马解散之日起三个月结束前的最后一个星期天。这一决定也应当在作出之时起的七日内予以正式公布。

(二) 划分选区

国家杜马代表选举法的第12条规定,俄罗斯全国划分为单名制选区和全联邦选区。

单名制选区是由中央选举委员会根据登记的选民数量来划分为225个。具体要求为:每个选区的选民数大致相等,或不得超过10%—15%;从不毗邻地区不能组成一个选区;两个或两个以上联邦主体的领土组成一个选区;每个联邦主体至少要有一个选区;单名制选区一经法律批准,有效期为十年。② 中央选举委员会应在上届单名制选区到期前80天内将新的划分图提交国家杜马审议。

全联邦选区是在整个俄罗斯联邦领土范围内,单名制选区的选民也应被视为全联邦选区选民。

(三) 成立选举委员会

国家杜马代表选举法第19条规定,为了组织和保障选举活动的实施,俄罗斯成立各级选举委员会,包括俄罗斯中央选举委员会、联邦主体选举委员会、市级选举委员会、地区选举委员会(指单名制选区)、地方选举委员会(拥有大量选民的辖区、市等)、选区选举委员会。选举委员会独立于国家机关和地方政府。其中,中央选举委员会和联邦主体选举委员会为常设性机构。

---

① 根据俄罗斯宪法第111、112、117条规定,如果国家杜马三次拒绝俄罗斯总统提名的总理人选时,俄罗斯总统可以直接任命总理,有权解散国家杜马,确定举行新一届国家杜马选举。如果国家杜马对俄罗斯政府表示不信任,俄罗斯总统有权不同意杜马决定;如果杜马在三个月内对俄罗斯政府重新表示不信任,则俄罗斯总统有权解散杜马并确定新的国家杜马大选。

② Статья 12 пункт 12. Федеральный заокн от 19.02.2014 《 О выборах депутатов Государственной думы Федерального Собрания РФ 》.

中央选举委员会每届任期五年，由 15 名成员构成，其中五名成员由俄罗斯联邦委员会从联邦主体立法机构提名的候选人中派出，五名成员由国家杜马从党团或下属委员会提名的候选人中选派，其余五名成员由总统直接任命。全体委员以无记名投票的方式在 15 名委员中选举委员会主席和副主席。中央选举委员会的职责有：组织选举；指导各级选举委员会的活动；监督公民的选举权；审核候选人的登记资格；监督选举资金的使用；为各级选举委员会提供法律、组织和技术及其他援助；管理国家"选举"自动信息系统；听取各联邦主体和地方自治机构代表关于筹备和组织选举相关情况报告；管理和监督国家关于举办选举的拨款；制作有关选举所有相关文件；制定技术设备（投票站、投票箱）标准；确定选举结果并公布等。① 此外，中央选举委员会还负责组织全民公决。

（四）选民登记

国家杜马代表选举法第 16 条规定，选民名单应由相关选举委员会根据中央选举委员会确定的形式和标准为每个选区单独编制，最迟在投票日之前的 11 天内根据各地区行政负责人提供的选民信息编制完成。国家选举自动信息系统可用于编制选民名单。如果发生提前选举，则必须不晚于选举日 21 天之内完成编制。对于偏远地区、军事单位的选民名单应该不迟于投票日前十天完成编制②。

选民名单一式两份，纸质和电子版各一份。在特殊情况下，允许手写选民名单。相关选举委员会必须在选民名单上加盖印章，并交选举委员会主席签字。在投票结束和计票开始后禁止对选民名单进行任何更改。

（五）候选人的提名和登记③

1. 提名全联邦选区候选人名单

根据政党法规定，全联邦选区候选人应在政党代表大会以无记名投票方式选出，且在国家杜马选举日正式公布之时起 25 天内进行。政党代表大会上应通过关

---

① "Компетенция ЦИК России", http://www.cikrf.ru/about/activity/competition/.

② Статья 16 пункт 4. В редакции федерального закона от 04.06.2018 №150 – ФЗ Федеральный закон от 19.02.2014《О выборах депутатов Государственной думы Федерального Собрания РФ》.

③ Статья 42-44. Федеральный закон от 19.02.2014《О выборах депутатов Государственной думы Федерального Собрания РФ》.

于候选人名单的决议,其内容主要包括:应到人数;实到人数;投票结果(全联邦候选人名单);关于任命政党授权代表、财政代表以及地区分支机构财政代表的决定;决议日期。非该政党成员的公民可以与该党成员一起被列入由政党提名的联邦候选人名单,但不得超过联邦候选人名单中候选人总数的50%。① 联邦候选人名单至少应包括200名候选人,最多不超过400名候选人。政党在单名制选区提名的候选人也可以被列入联邦选区候选人名单中。

2. 提名单名制选区候选人

单名制选区候选人的提名方式有两种:自荐和政党提名。

自荐方面,拥有被选举权的俄罗斯公民可以在单名制选区自我提名,且只能在一个单名制选区进行。通过自我提名的候选人候选不得由政党提名。单名制候选人自我提名应在杜马选举日确定的正式公布之日起25天内进行。应向有关地区选举委员提交一份自我提名申请,其中注明姓氏、名字和父称、出生日期和居住地址。同时还要提交工作单位及职务、教育信息、财产及收入来源、候选人及其配偶和未成年子女在境外拥有的房地产信息等等。

政党推荐方面,政党应在国家杜马选举日公布之时起的25日内召开全党代表大会,无记名投票选出候选人。在一个单名制选区,一个政党仅能提名一名候选人。政党代表大会通过的关于单名制选区候选人名单的决议的内容和全联邦选区候选人名单决议的内容相同。政党可以提名无党派人士作为单名制选区候选人,但不可以提名其他政党成员。

3. 候选人登记

向中央选举委员提交登记所需文件应不迟于正式公布候选人名单之日起35天。单名制选区的候选人需向相关地区选举委员会提交以下选举文件:候选人选举基金账户信息;候选人个人及财产信息变化情况说明;收入来源登记表和财产申报;未有境外外国银行账户的证明文件;在上一届杜马选举中获胜的代表、获得3%以上选票的代表以及进入杜马的政党,免于收集选民签名。否则,候选人须征集选区选民总数3%以上的签名,如果选民人数少于十万人,则至少征集3000个选民签名。

中央选举委员会在收到候选人提交的注册文件之日起的十天内,对候选人登

---

① Статья 39. Федеральный закон от 19.02.2014 《О выборах депутатов Государственной думы Федерального Собрания РФ》.

记作出决定。如果决定拒绝登记候选人,中央选举委员会应在决定之日起一天内,将该决定的副本发给政治人物的授权代表,并说明拒绝理由。在下列情况下,候选人将依法被拒绝登记:

第一,候选人没有被选举权;

第二,政党提名的候选人,不符合政党法和国家杜马代表选举法规定的候选人提名要求;

第三,没有提交选举基金等上述文件;

第四,在法律规定的地区收集的签名超出规定数10%;

第五,征集选民签名数量不足,或5%以上无效签名;

第六,隐瞒现有犯罪记录信息;

第七,未创建选举基金账户;

第八,候选人在竞选期间使用除选举基金外的其他资金,额度已超过选举基金所有费用的5%以上;

第九,候选人利用职务之便助选或贿赂选民;

第十,未遵守第四条第13款的规定①。

全联邦候选人提交文件及登记程序跟单名制选区候选人基本相同,只是在收集签名方面不同。全联邦选区候选人只能由政党推荐,如果该政党非上届杜马党,则其推举的候选人则必须收集至少20万个选民签名,每个联邦主体内收集的签名不得超过7000个。②

如对中央选举委员会的决定不服,可由当事的政党自该日期起十天内向俄罗斯最高法院提出上诉。每位登记成功的国家或市政参选候选人应免去执行公职或公职。作为全联邦区候选人,有权在15天内,且是不可抗力的情况下,向中央选举委员会提交拒绝进一步参加选举的申请,中央选举委员会审核通过后,将其从名单中撤出。单名制选区候选人有权在不迟于五天内提交申请。政党有权在投票日五天前的任何时间撤回联邦候选人名单。

---

① 2014年国家杜马代表选举法第四条第13款规定,必须通过向选举委员会提交其注册为候选人所需文件来结清账目,登记候选人存款清单,终止在俄境外外国银行中的现金和贵重物品的存储以及外国账户的转让。

② Статья 45. Федеральный закон от 19.02.2014 《О выборах депутатов Государственной думы Федерального Собрания РФ》.

（六）竞选活动

国家杜马代表选举法第 62 条规定，竞选活动内容包括：动员选民投票赞成或反对候选人名单；对独立候选人、政党提名的候选人的偏好表达；宣传候选人及其政党的正面信息以及当选后的积极影响；不得传播与候选人职业及公务无关的信息。

为实现上述竞选活动，各竞选人可以通过以下方式来实施：

第一，电视、广播、杂志或在线出版物，形式是公开辩论、讨论、圆桌会议、新闻发布会、访谈、演讲、有关候选人的视频等；

第二，举办具有宣传性质的公共活动；

第三，制作、发行印刷品、音像等宣传材料；

第四，其他国家杜马代表选举法和联邦法律未禁止的方法。[1]

国家杜马代表选举法第 62 条第七款还禁止以下单位及人员参加竞选活动：国家及地方机关；任何公职人员；军事单位、军事机构和组织；慈善和宗教团体以及其建立的组织、参加宗教仪式的宗教团体成员和其他参与者；各级选举委员会及成员等。允许"移动选民"到实际所在地投票，而不是前往选民登记地投票，此举为这部分选民省去麻烦。取消"静默日"，各类竞选活动可以持续到投票日零点。

（七）选举经费

国家杜马代表选举法第 71 条规定，提名候选人的政党必须要建立选举基金，为候选人竞选活动提供资金。

政党的选举基金通过下列方式产生：

第一，政党的自有资金总额不得超过政党选举基金最高限额的 50%；

第二，公民和实体的自愿捐赠金额分别不得超过政党选举基金最高金额的 0.07% 和 3.5%；

---

[1] Статья 62. Федеральный закон от 19.02.2014 《О выборах депутатов Государственной думы Федерального Собрания РФ》.

第三，政党选举基金所有支出的最高金额不得超过七亿卢布。①

候选人的选举基金则以下列方式产生：

第一，如果政党已为提名候选人而设立了选举基金，政党的自有资金总额不得超过候选人选举基金最高限额的50%；

第二，候选人的自有资金，其总额不得超过其选举基金最高限额的50%；

第三，公民和法人的自愿捐款不得超过候选人选举基金所有支出的2%和20%；

第四，候选人竞选经费不得超过1500万卢布。②

选举法还规定以下组织和个人禁止向选举基金捐款：外国及其公民；外国组织；无国籍人士；未满18周岁的俄罗斯公民；国际组织；俄罗斯国家及地方立法或行政机关、国家企事业单位；军事单位及组织；慈善组织；宗教组织；匿名捐赠者等。

候选人的选举基金只能用于：收集选民签名；信息和咨询工作酬劳；公民和法人实体做的与竞选活动直接相关的工作酬劳。

（八）投票

1. 投票站③

投票站应由有关市镇等地方政府免费提供给选区选举委员会。每个投票站，均应设立固定投票箱和信息台，在该信息台上应提供所有联邦候选人名单以及推荐的政党，同时注册候选人的信息也应放在上面，包括登记候选人的个人资料；如果政党提名的候选人，应标明该政党名称；如果候选人本人自我提名，也应标注；如果候选人有犯罪记录，也应标明所有犯罪记录信息，以及该犯罪记录是否被删除或取消以及日期。

投票箱应使用透明或半透明材料，投票站应使用视频监视和图像广播设施。

---

① Статья 71 пункт 2. Федеральный закон от 19.02.2014《О выборах депутатов Государственной думы Федерального Собрания РФ》.

② Статья 71 пункт 8. Федеральный закон от 19.02.2014《О выборах депутатов Государственной думы Федерального Собрания РФ》.

③ Статья 78. Федеральный закон от 19.02.2014《О выборах депутатов Государственной думы Федерального Собрания РФ》.

2. 选民投票①

投票时间为国家杜马代表选举日当地时间上午8时至下午8时，可持续三天。如果选民居住地的工作时间与投票时间冲突，可提前投票，但不得提前两小时以上。各级选举委员会应不迟于投票日前十天前通过媒体或其他方式通知选民投票的日期、时间和地点。选民在出示护照后可领取选票，每个选民将收到两张选票，一张用于给全联邦选区候选人投票，一张给单名制选区候选人投票。选民在领到选票后，应在选票上填写护照号码和选民编号，然后在选票上标记其所支持的候选人。

国家杜马代表选举法第82条还对提前投票进行了明确规定，允许在交通困难或偏远地区、航行中的船只、极地的选民提前投票，投票时间不早于正常投票日之前20天，境外选民则可以在不早于投票日之前15天投票。提前投票结束后，相关选举委员会应立即开始计票工作，并确定选举结果。②

每个选民亲自投票，不得由他人代投。所有涂改选票均为废票，选民有权向选区选举委员会申请新选票，作废选票当即销毁。

（九）统计和公布选举结果

投票结束后，各级选举委员会立即统计所属选区投票结果并制定相关报告书，并提交给上一级选举委员会。上一级选举委员会核查后，应不迟于投票日起的五天内汇总这些数据，最终得出选举结果。

在单名制选区，得票最多的登记候选人当选。如果登记候选人获得的选票数相等，则较早登记的候选人被视为当选候选人。如果投票结束时参与投票的选民低于该选区登记选民总数的四分之一，或投票期间有违规、未根据选民意志确定结果，单名制选区的选举被认为无效。③

在全联邦选区，根据国家杜马代表选举法，下面三种情况候选人及政党都可以进入杜马。

---

① Статья 80 и 81. Федеральный закон от 19.02.2014 《О выборах депутатов Государственной думы Федерального Собрания РФ》.

② Статья 82. Федеральный закон от 19.02.2014 《О выборах депутатов Государственной думы Федерального Собрания РФ》.

③ Статья 87 пункт 8. Федеральный закон от 19.02.2014 《О выборах депутатов Государственной думы Федерального Собрания РФ》.

第一，至少有两个候选人名单获得5%及以上选票，且获得票数总和大于总票数的50%；

第二，每个候选人名单获得5%及以上选票，但获得票数总和小于总票数的50%的情况下，按选票数连续递减排列，直到票数超过投票数的50%；

第三，某一政党获投票总数50%的选票，而其他参选的政党所获选票均未达到投票总数5%的情况下，所有参选的政党都可以参加杜马代表席位的分配。①

俄罗斯国家杜马议席分配的具体办法是：将进入杜马的所有政党所获选票总数除以225，即为每个代表席位所需票数；将每个政党所获得的选票分别除以每个议席所需票数，所得整数就是该党应得议席。如有余数，则根据各自余数多寡依次分得议席。如余数相同，则获得票数最多的政党占据优势。

如果在投票期间或确定投票结果时违反了选举法，上级选举委员会可以取消下级选举委员会关于投票结果的认定，并重新计票。如果违规行为严重，如参加投票的选民少于选民总数的25%，选举无效，必须重新进行选举。② 中央选举委员会在投票之日起三周内正式公布国家杜马选举结果，以及每个登记的联邦候选人名单、每个登记的单名制选区候选人收到的选票数量。在选举被认为无效时，中央选举委员会自选举结果取消之日起四个月内（当选代表拒绝进入杜马履行职责）组织重新选举，其他情况应是选举结果取消之日起一年之内举行选举。重选期间，选举行动的期限应相应减少，但不得超过三分之一。

（十）国家杜马代表的补选③

如果在单名制选区当选的杜马代表提前辞去代表职务④，中央选举委员会必须在一年之内在该选区中进行补选，补选应在代表资格终止后在9月的第二个星期日举行。如果全联邦选区当选的国家杜马代表提前辞职,则提名该候选人的政党有

---

① Статья 88 пункт 8 и 9. Федеральный закон от 19.02.2014 《О выборах депутатов Государственной думы Федерального Собрания РФ》.

② Статья 91. Федеральный закон от 19.02.2014 《О выборах депутатов Государственной думы Федерального Собрания РФ》.

③ Статья 91. Федеральный закон от 19.02.2014 《О выборах депутатов Государственной думы Федерального Собрания РФ》.

④ 如果该杜马代表只剩一年任期或不满一年,则不必进行补选。

权向中央选举委员会提议由同一候选人名单中的另一名注册候选人填补这一空缺。国家杜马代表补选不得迟于投票日之前的 85 天内举行。国家杜马代表不得在补选中再次被提名为候选人。

附录二

俄罗斯历届国家杜马选举情况

表1 1993年12月12日第一届国家杜马选举结果一览表

排名	政党名称	全联邦选区得票率(%)	所获席位(个)	单名制选区所获席位(个)	总席位(个)
1	自由民主党	22.92	59	5	64
2	俄罗斯选择	15.51	40	24	64
3	俄联邦共产党	12.40	32	10	42
4	"俄罗斯妇女"运动	8.13	21	2	23
5	俄罗斯农业党	7.99	21	16	37
6	"亚博卢"集团	7.86	20	7	27
7	俄罗斯统一和谐党	6.73	18	4	22
8	俄罗斯民主党	5.52	14	0	14
9	俄罗斯民主改革运动	4.08		5	5
10	公民联盟	1.93		10	10
11	俄罗斯未来	1.25		2	2

续表

排名	政党名称	全联邦选区得票率(%)	所获席位(个)	单名制选区所获席位(个)	总席位(个)
12	俄罗斯建设生态运动("绿党"前身)	0.76		1	1
13	"尊严与良善"运动	0.70		3	3
14	独立候选人			130	130
	反对所有人票数			2 267 963 票（4.22%）	
	无效票票数			3 0946 002 票（6.84%）	
	投票数			58 187 755 票（54.51%）	

表2 1995年12月17日第二届国家杜马选举结果一览表

排名	政党名称	全联邦选区得票率(%)	所获席位(个)	单名制选区所获席位(个)	总席位(个)
1	俄联邦共产党	22.30	99	58	157
2	自由民主党	11.80	50	0	50
3	我们的家园-俄罗斯	10.13	45	10	55
4	"亚博卢"集团	6.89	31	14	45
5	其他政党			66	66
6	独立候选人			77	77
	反对所有人票数			1 918 151 票（2.77%）	
	投票数			60 204 820 票（64.4%）	

表3 1999年12月19日第三届国家杜马选举结果一览表

排名	政党名称	全联邦选区得票率(%)	所获席位(个)	单名制选区所获席位(个)	总席位(个)
1	俄联邦共产党	24.29	67	46	113
2	"团结"运动	23.32	64	9	73

续表

排名	政党名称	全联邦选区得票率(%)	所获席位(个)	单名制选区所获席位(个)	总席位(个)
3	祖国-全俄罗斯	13.33	37	29	66
4	右翼力量联盟	8.52	24	5	29
5	自由民主党	5.98	17	0	17
6	"亚博卢"集团	5.93	16	4	20
7	独立候选人			107	107
	反对所有人票数占比				3.3%
	无效票票数占比				1.95%
	投票率				61.85%

表4 2003年12月7日第四届国家杜马选举结果一览表

排名	政党名称	全联邦选区得票率(%)	所获席位(个)	单名制选区所获席位(个)	总席位(个)
1	统一俄罗斯党	37.57	122	100	222
2	俄联邦共产党	12.61	42	11	53
3	自由民主党	11.45	36	0	36
4	"祖国"联盟	9.02	29	8	37
5	人民党	0	0	20	20
6	其他政党	0	0	16	16
7	独立候选人	0	0	63	63
	反对所有人票数				2 851 958票（4.7%）
	无效票票数				948 435票（1.56%）
	投票数				60 633 177票（55.67%）

表5 2007年12月2日俄罗斯第五届国家杜马选举结果一览表

排名	政党名称	得票率（%）	所获席位（个）
1	统一俄罗斯党	64.30	315
2	俄联邦共产党	11.57	57
3	自由民主党	8.14	40
4	公正俄罗斯党	7.74	38
	反对所有人票数		75 929票（1.11%）
	投票数		69 537 065票（63.78%）

表6 2011年12月4日第六届国家杜马选举结果一览表

排名	政党名称	得票率（%）	所获席位（个）
1	统一俄罗斯党	49.32	238
2	俄联邦共产党	19.19	92
3	自由民主党	11.67	56
4	公正俄罗斯党	13.24	64
	无效票票数		1 033 464票（1.57%）
	投票数		65 656 526票（60.21%）

表7 2016年9月18日第七届国家杜马选举结果一览表

排名	政党名称	全联邦选区得票率(%)	所获席位（个）	单名制选区所获席位(个)	总席位（个）
1	统一俄罗斯党	54.20	140	203	343
2	俄联邦共产党	13.34	35	7	42
3	自由民主党	13.14	34	5	39
4	公正俄罗斯党	6.22	16	7	23
5	祖国党			1	1
6	公民平台			1	1

续表

排名	政党名称	全联邦选区得票率(%)	所获席位(个)	单名制选区所获席位(个)	总席位(个)
7	自荐候选人			1	
	无效票票数			982 596 票（1.87%）	
	投票数			52 631 849 票（47.88%）	

表8 2021年9月17—19日第八届国家杜马选举结果一览表

排名	政党名称	全联邦选区得票率（%）	所获席位(个)	单名制选区所获席位(个)	总席位(个)
1	统一俄罗斯党	49.79	126	198	324
2	俄联邦共产党	19.04	48	9	57
3	自由民主党	7.48	19	2	21
4	公正俄罗斯-为了真理党	7.41	19	8	27
5	新人党	5.22	13	0	13
6	自荐候选人			5	5
	投票率				51.7%

参考文献

(一) 中文著作

1. 曹维安. 俄国史新论——影响俄国历史发展的基本问题[M]. 北京:中国社会科学出版社,2002.

2. 陈之骅,吴恩远,马龙闪. 苏联兴亡史纲[M]. 北京:中国社会科学出版社,2004.

3. 丁笃本. 苏联政体与官制史[M]. 长沙:湖南师范大学出版社,1999.

4. 董晓阳. 俄罗斯利益集团[M]. 北京:当代世界出版社,1998.

5. 董泉增. 叶利钦时期俄罗斯政治透析[M]. 北京:中国言实出版社,1997.

6. 冯绍雷,相蓝欣. 转型理论与俄罗斯政治改革[M]. 上海:上海人民出版社,2005.

7. 海运,李静杰. 叶利钦时代的俄罗斯(政治卷)[M]. 北京:人民出版社,2001.

8. 何俊志. 选举政治学[M]. 上海:上海复旦大学出版社,2009.

9. 胡盛仪等. 中外选举制度比较[M]. 北京:商务印书馆,2000.

10. 黄立茀. 苏联社会阶层与苏联剧变研究[M]. 北京:社会科学文献出版,2006.

11. 金雁. 苏俄现代化与改革研究[M]. 广州:广东教育出版社,1999.

12. 金重远等. 寻求秩序、安全与发展——俄罗斯转型中的挑战与对策[M]. 上海:文汇出版社,2002.

13. 孔寒冰. 当代各国政治体制——俄罗斯[M]. 兰州:兰州大学出版社,1998.

14. 李英男. 俄罗斯思想与俄罗斯道路[M]. 北京:外文出版社,2004.

15. 李英男,戴桂菊. 俄罗斯历史之路——千年回眸[M]. 北京:外语教学与研究出版社,2002.

16. 李永全.俄国政党史[M].北京:社会科学文献出版社,2017.

17. 刘克明,金挥.苏联政治经济体制七十年[M].北京:中国社会科学出版社,1990.

18. 刘淑春.当代俄罗斯政党[M].北京:中央编译出版社,2006.

19. 刘向文.俄国政府与政治[M].北京:五南图书出版公司,2002.

20. 刘向文,宋雅芳.俄罗斯联邦宪政制度[M].北京:法律出版社,1999.

21. 刘显忠.近代俄国国家杜马:设立及实践[M].北京:社会科学文献出版社,2007.

22. 刘祖熙.改革和革命——俄国现代化研究[M].北京:北京大学出版社,2001.

23. 陆南泉.俄罗斯国家转型研究[M].北京:社会科学文献出版社,2013.

24. 陆南泉.转型中的俄罗斯[M].北京:社会科学文献出版社,2014.

25. 潘德礼.俄罗斯十年——政治·经济·外交[M].北京:世界知识出版社,2003.

26. 庞大鹏.普京八年:俄罗斯复兴之路(2000-2008)政治卷[M].北京:经济管理出版社,2008.

27. 庞大鹏.观念与制度:苏联解体后的俄罗斯国家治理(1991-2001)[M].北京:中国社会科学出版社,2010.

28. 邱芝.民主化视阈下的俄罗斯政治改革与政治发展(1999-2011)[M].北京:南京大学出版社,2013.

29. 邵丽英.改良的命运——俄国地方自治改革史[M].北京:社会科学文献出版社,2000.

30. 宋瑞芝.俄罗斯精神[M].武汉:长江文艺出版社,2000.

31. 田为民、张桂琳.外国政治制度理论与实践[M].北京:中国政法大学出版社,1998.

32. 屠振宇.选举制度[M].南京:江苏人民出版社,2019.

33. 王浦劬.政治学基础[M].3版.北京:北京大学出版社,2014.

34. 王业立.比较选举制度[M].北京:五南图书出版公司,2006.

35. 王云龙.现代化的特殊性道路:沙皇俄国最后60年社会转型历程解析[M].北京:商务印书馆,2004.

36. 邢广程.苏联高层决策70年[M].北京:世界知识出版社,1998.

37. 邢广程,潘德礼.俄罗斯议会[M].北京:华夏出版社,2002.

38. 徐向梅.由乱而治:俄罗斯政治历程(1990—2005)[M].北京:中央文献出版

社,2006.

39. 薛君度等.新俄罗斯政治、经济、外交[M].北京:中国社会科学出版社,1997.

40. 姚海.近代俄国立宪运动源流[M].成都:四川大学出版社,1996.

41. 应克复,金太军,胡传胜.西方民主史[M].北京:中国社会科学出版社,1997.

42. 张建华.俄国史[M].北京:人民出版社,2004.

43. 张立平.美国政党与选举政治[M].北京:中国社会科学出版社,2002.

44. 张树华.过渡时期的俄罗斯社会[M].北京:新华出版社,2000.

45. 张树华.俄罗斯之路30年——国家变革与制度选择[M].北京:中国社会科学出版社,2018.

46. 赵士国.俄国政体与官制史[M].长沙:湖南师范大学出版社,1998.

47. 赵心树.选举的困境——民选制度及宪政改革批判[M].成都:四川人民出版社2003.

48. 赵振英.俄国政治制度史[M].大连:辽宁师范大学出版社,2000.

(二)译文著作

1. 阿历克西·托克维尔.论美国的民主[M].董国良,译.北京:商务印书馆,1988.

2. 阿伦·李帕特.选举制度与政党制度——1945—1990年27个国家的实证研究[M].谢岳,译.上海:上海人民出版社,2008.

3. 埃娃·汤普逊.理解俄国:俄国文化中的圣愚[M].杨德友,译.北京:译林出版社,2015.

4. 安·米格拉尼扬.俄罗斯现代化与公民社会[M].徐葵,等译.北京:新华出版社,2002.

5. 安·米格拉尼扬.俄罗斯现代化之路——为何如此曲折?[M].徐葵,张达楠,译.北京:新华出版社,2002.

6. 安德鲁·海伍德.政治学核心概念[M].吴勇,译.天津:天津人民出版社,2008.

7. 鲍里斯·叶利钦.总统笔记[M].李垂发,等译.上海:东方出版社,1995.

8. 布·米罗诺夫.俄国社会史(上下卷)[M].徐葵,等译.济南:山东大学出版社,2006.

9. 布鲁斯·梅斯奎塔等.繁荣的治理之道[M].叶娟丽,等译.北京:中国人民大学出版社,2007.

10. 查理·孟德斯鸠.论法的精神[M].夏玲,译.北京:红旗出版社,2017.

11. 大卫·科兹,弗雷德·威尔.来自上层的革命——苏联体制的终结[M].曹荣湘,孟鸣歧,译.北京:中国人民大学出版社,2002.

12. 戴维·赫尔德.民主的模式[M].燕继荣,译.北京:中央编译出版社,2004.

13. 戴维·伊斯顿.政治生活的系统分析[M].王浦劬,等译.北京:华夏出版社,1989.

14. 德·谢·利哈乔夫.俄罗斯思考(上卷)[M].杨晖,王大伟,等译.北京:军事谊文出版社,2002.

15. 多布罗霍托夫主编.戈尔巴乔夫——叶利钦政治对抗1500天[M].王南枝,等译.北京:新华出版社,1993.

16. 戈·瓦·普列汉诺夫.俄国社会思想史[M].孙静工,译.北京:商务印书馆,1999.

17. 胡贝特·塞佩尔.普京:权力的逻辑[M].王蕾,译.南京:译林出版社,2019.

18. 加里布埃尔·阿尔蒙德,宾厄姆·鲍威尔.比较政治学:体系、过程和政策[M].曹沛霖,等译.上海:上海译文出版社,1987.

19. 康斯坦丁·契尔年科.党和国家机关工作问题[M].陈联璧,译.北京:中国对外翻译出版公司,1984.

20. 罗伯特·戈编.牛津比较政治学手册(上、下)[M].唐士其,等译.北京:人民出版社,2016.

21. 罗伯特·达尔.论民主[M].李柏光,林猛,译.北京:商务印书馆,1999.

22. 罗德·黑格,马丁·哈罗普.比较政府与政治导论[M].张小劲,等译.北京:中国人民大学出版社,2007.

23. 罗伊·麦德维杰夫.俄罗斯往何处去——俄罗斯能搞资本主义吗?[M].徐葵,等译.北京:新华出版社,2000.

24. 迈克尔·罗斯金等.政治科学[M].林震,等译.北京:华夏出版社,2001.

25. 莫里斯·迪韦尔热.政党概论:现代民主国家中的政党及其活动[M].雷竞璇,译.香港:香港青文文化公司,1991.

26. 尼·别尔嘉耶夫.俄罗斯的命运[M].王剑钊,译.南京:译林出版社,2011.

27. 尼·别尔嘉耶夫.俄罗斯思想[M].雷永生,邱守娟,译.北京:三联书店,1995.

28. 乔治·萨拜因.政治学史[M].刘山,译.北京:商务印书馆,1986.

29. 让·科特雷,克洛德·埃梅里.选举制度[M].张新木,译.北京:商务印书馆,1996.

30. 塞缪尔·亨廷顿.第三波:20世纪后期民主化浪潮[M].刘军宁,译.北京:三联书店,1998.

31. 瓦·奥·克柳切夫斯基.俄国史教程[M].刘祖熙,等译.北京:商务印书馆,1996.

32. 威廉·庞德斯通.选举中的谋略与博弈——为什么选举不是公平的[M].刘国伟,译.北京:中央编译出版社,2011.

33. 亚·维·菲利波夫.俄罗斯现代史(1945—2006)[M].吴恩远,等译.北京:中国社会科学出版社,2009.

34. 伊·普罗林.领导干部的选拔、配备和培养[M].陈联璧,译.北京:劳动人事出版社,1986.

35. 以赛亚·伯林.俄国思想家[M].彭淮栋,译.北京:译林出版社,2001.

36. 约翰·洛克.政府论[M].翟菊农,叶启芳,译.北京:商务印书馆,2011.

37. 约翰·密尔.代议制政府[M].汪琪,译.北京:商务印书馆,1982.

38. 约瑟夫·熊彼特.资本主义、社会主义与民主[M].绛枫,译.北京:商务印书馆,1999.

(三)俄文著作

1. Автономов А. С., Анисимов А. Н., Анохин М. Г. и др. Россия: партии, выборы, власть[M]. М.: Обозреватель, 1996.

2. Александр К. Выборы парламентов российских регионов 2003 – 2009: Первый цикл внедрения пропорциональной избирательной системы [M]. М.: Центр Панорама, 2009.

3. Алексеев Р. А. Избирательная система как фактор становления и развития российской демократии [M]. М.: Инфра-М, 2019.

4. Бозанов А. Н., Горинов М. М. История России с начала XVIII до конца XIX века [M]. М.: АСТ, 1996.

5. Борисов И. Б. Гамма демократии. Современная избирательная система Российской Федерации [M]. М.: Европа, 2007.

6. Бутько Л. В. Конституция и конституционная реформа［М］. М. : Краснодар,1999.

7. Владимиров А. И. О национальной государственной идее России［М］. М. : ЮКЭА,2000.

8. Восленский М. Номенклатура: господствующий класс советского союз［М］. М. ,1991.

9. Гурко В. Царь и царица //Ананьич Б. , Ганелин Р. (ред.). Государ-ственные деятели России глазами современников［М］. СПб. : Пушкин. Фонд,1994.

10. Демин В. А. Государственная дума России (1906 – 1917): механизм функционирования［М］. М. : РОССПЭН,1996.

11. Енгибарян Р. В. , Тадевосян Э. В. Конституционное право ［М］. М. : Юристъ,2000.

12. Ерошкин Н. П. История государственных учреждений дореволю-ционной России［М］. М. : РГГУ,2008.

13. Кавелин К. Д. Наш Умственный строй: Статьи по Философии Русской Истории и Культуры［М］. М. : Правда,1989.

14. Керимов А. А. Метаморфозыизбирательной системы современной России［М］. М. : Власть, 2013.

15. Кислицын С. А. История России в вопросах и ответах［М］. Ростов – на – Дону: Феникс,1997.

16. Коржихина Т. П. , Фигатнер Ю. Ю. Советская номенклатура: становление, механизмы действия［М］. М. : Вопросы истории,1993.

17. Кынев А. Выборы парламентов российских регионов 2003–2009: Первый цикл внедрения пропорциональной избирательной системы ［М］. М. : Центр Панорама, 2009.

18. Леонтович В. История либерализма в России［М］. М. : Мысль,1995.

19. Малышева О. Г. Избирательная система и практика России в период думской монархии 1905–1917［М］. М. : Квадрига,2018.

20. Медушевский А. Н. Демократия и авторитаризм: российский конституционализм в сравнительной перспективе ［М］. М. : РОССПЭН,1998.

21. Механик А. Г., Римский В. Л. Парламентаризм и многопартийность в совремнной России[M]. М.：ИСП,2000.

22. Надо К. Парламентские и президентские выборы в России,1999－2000 гг.：Тех. оценка[M]. М.：Центр оператив. полиграфии,2000.

23. Носкова Е. Ю. Модернизация избирательной системы России：эволюция или реверсирование？[M]. М.：Власть,2011.

24. Пушкарев С. Г. Россия 1801－1917：власть и общество[M]. М.：Посев,2001.

25. Сахаоров А. Н,Новослецева. А. П.,Милова Л. В. История России с начала XVIII до конца XIX века[M]. М.：Эксмо,2006.

（四）英文著作

1. AREND L. Electoral systems and Party systems：a study of twenty－seven democracies,1945-1990[M]. New York：Oxford University Press,1994.

2. COLTON T J, MCFAUL M. Popular choice and managed democracy：the Russian elections of 1999 and 2000[M]. Washington：Brookings Institution Press,2003.

3. FARRELL D M. Electoral system, A comparative introduction[M]. New York：Palgrave,2001.

4. GALLAGHER M, MITCHELL P. The politics of electoral systems[M]. New York：Oxford University Press,2005.

5. PIPPA N. Electoral engineering, voting rules and political behavior[M]. Cambridge：Cambridge University Press,2004.

6. RANNY A. Governing：an introduction to political science[M]. 5th ed. New Jerseg：Prentice Hall,1990.

7. SARAH B S. Electoral systems and political transformation in Post－Communist Europe[M]. New York：Palgrave Macmillan, 2003.

8. SMYTH R. Candidate strategies and electoral competition in the Russian Federation：democracy without foundation[M]. Cambridge：Cambridge University Press,2006.

（五）中文期刊论文

1. 官晓萌.俄罗斯地区立法机关选举研究[J].俄罗斯研究,2012(02)：122-142.

2. 官晓萌.从第七届杜马选举看当代俄罗斯政党政治[J].俄罗斯研究,2017(03):3-23.

3. 官晓萌.当代俄罗斯总统选举制度研究[J].俄罗斯东欧中亚研究,2018(05):26-43+155.

4. 李春隆.简论苏联干部委任制的形成[J].东北亚论坛,2004(06):87-91.

5. 李亚洲.俄罗斯政党政治的新变化与发展动向[J].当代世界社会主义问题,2013(02):58-65.

6. 李永全.俄罗斯修宪与普京长久国家[J].俄罗斯学刊,2020,10(02):5-20.

7. 刘向文.试谈俄罗斯联邦的总统制[J].东欧中亚研究,1994(05):48-54.

8. 庞大鹏.俄罗斯的政治稳定:社会基础与制度保障[J].俄罗斯东欧中亚研究,2017(01):52-70+157.

9. 庞大鹏.治理与发展:2018年俄罗斯总统大选评析[J].俄罗斯学刊,2018,8(02):23-44.

10. 孙成木.俄国国家杜马的形成及其实质[J].世界历史,1983(06):55-64.

11. 唐元昌.苏联苏维埃选举制度的沿革[J].社会科学,1989(07):55-58.

12. 田为民.政治稳定的社会心理条件研究[J].江苏社会科学,1999(07):158-164.

13. 汪宁,韦进深.普京的俄罗斯政党制度发展设想与实践[J].国际关系研究,2013(01):141-152.

14. 汪仕凯.选举制度与现代国家:一个比较分析[J].理论探讨,2018(03):33-39.

15. 张广翔.俄国1861年改革新论[J].社会科学战线,1996(04):232-237.

16. 张广翔.亚历山大二世改革与俄国现代化[J].吉林大学社会科学学报,2000(01):67-72.

17. 赵凤彩.史说俄国杜马[J].俄语学习,2011(02):24-27.

18. 左宏愿.国外政治稳定理论研究综述[J].燕山大学学报(哲学社会科学版),2009,10(04):95-98.

19. 冯佩成.苏联干部制度的形成、发展与影响[D].华东师范大学,2006.

20. 庞大鹏.俄罗斯政治转轨分析[D].中国社会科学院研究生院,2003年.

21. 许金秋.俄国国家机构和官员制度(19世纪末—20世纪初)[D].吉林大学,2008.

22. 周厚琴.俄国专制君主制起源与形成[D].陕西师范大学,2014.

(六)外文期刊论文

1. Балабанов С. И. Избирательная система в России: путь к демокра-тии [J]. Современные политические процессы, 2006(3).

2. Баранов А. В., Гришин Н. В. Реформы избирательной системы России: политические эффекты[J]. Теория и практика общественного, 2013(6).

3. Голосов Г. В. Измерения российских региональных избирате-льных систем [J]. Политические исследования, 2001(4).

4. Дьяконо А. А. О влиянии культурологических факторов на процесс реформирования избирательной системы совремнной России[J]. Вестник Тамбовского университетеа, Серия: Гуманитарные Науки, 2014.

5. Коржихина Т. П., Фигантер Ю. Ю. Советская номенклатура: стан-овление, механизмы действия[J]. Вопросы истории, 1993(7).

6. Макаренко Б. К. Российская избирательная система в контексте эволюции политического режима[J]. Pro et Contra. 2006(1).

7. GOLOSOV G V. Authoritarian learning in the development of Russia's electoral system [J]. Russian politics, 2017, 2(2): 185-205.

8. LIJPHANT A. The alternative vote: a realistic alternative for South Africa? [J]. South African journal of political studies, 1991, 18(2): 91-101.

9. MORASKI B J. Electoral system design in Russian Oblasti and Republlics: a four case comparison[J]. Europe-Asia studies, 2003, 55(3): 437-468.

10. NETO O A, Cox G W. Electoral Institutions, social cleavages, and the number of Parties[J]. American journal of political science, 1997, 41(1): 149-174.

11. SAKWA R. New Cold war or twenty years' crisis?: Russia and international politics [J]. International Affairs, 2008, 84(2): 241-267.

12. SHEINIS V. The devolution of the electoral system in Russia[J]. Russian politics and law, 2014, 52(2): 60-76.

13. WHITE S, KRYSHTANOVSKAYA O. Changing the Russian electoral system: inside the black box[J]. Europe-Asia studies, 2011, 63(4): 557-578.

(七)法律文件资料

1. Закон РСФСР от 24 апреля 1991 года № 1096-I《О выборах Президента РСФСР》.

2.《Конституция Российской Федерации》.

3.《Положение о выборах депутатов Государственной думы в 1993》.

4. Федеральный закон от 05 августа 2000 года № 113-ФЗ《О порядке формирования Совета Федерации Федерального Собрания Российской Федерации》.

5. Федеральный закон от 31 декабря 1999 года № 228-ФЗ《О выборах Президента Российской Федерации》.

6. Федеральный закон от 05 декабря 1995 года № 192-ФЗ《О порядке формирования Совета Федерации Федерального Собрания Российской Федерации》.

7. Федеральный закон от 1 июня 2017 года №103-ФЗ.《О внесении изменений в Федеральный закон "О выборах Президента Российской Федерации"》.

8. Федеральный закон от 24 июня 1999 года № 121-ФЗ《О выборах депутатов Государственной думы Федерального Собрания РФ》.

9. Федеральный закон от 11 июля 2001 года №95-ФЗ《О политических партиях》.

10. Федеральный закон от 12 июня 2002 года №67-ФЗ《Об основных гарантиях избирательных прав и права на участие в референдуме граждан Российской Федерации》.

11. Федеральный закон от 18 мая 2005 года №51-ФЗ《О выборах депутатов Государственной Думы Федерального Собрания Российской Федерации》.

12. Федеральный закон от 17 мая 1995 года № 76-ФЗ《О выборах Президента Российской Федерации》.

13. Федеральный закон от 20 февраля 2002 года № 175-ФЗ《О выборах депутатов Государственной Думы Федерального Собрания РФ》.

14. Федеральный закон от 22 февраля 2014 года №20-ФЗ《О выборах депутатов Государственной Думы Федерального Собрания РФ》.

15. Федеральный закон от 10 января 2003 года №19-ФЗ《О выборах Президента Российской Федерации》.

(八) 网络资料

1. 俄罗斯总统网站,http://www.kremlin.ru。
2. 俄罗斯联邦会议联邦委员会网站,http://council.gov.ru。
3. 俄罗斯联邦会议国家杜马网站,http://duma.gov.ru。
4. 俄罗斯中央选举委员会网站,http://www.cikrf.ru。
5. 塔斯社网站,https://tass.ru。
6. 俄罗斯新闻网,https://ria.ru。
7. 报纸网,http://www.gazeta.ru。
8. 生意人网,https://www.kommersant.ru。
9. 独立报网,https://www.ng.ru。
10. 政治评论网,http://www.politika.ru。